Reading Classic

◉ 中国青少年推荐阅读书目

经 典 常 谈

朱自清 著

天津出版传媒集团

天津人民出版社

图书在版编目(CIP)数据

经典常谈 / 朱自清著. –– 天津：天津人民出版社，
2011.4(2014.9 重印)

(经典常读)

ISBN 978-7-201-07026-1

Ⅰ.①经… Ⅱ.①朱… Ⅲ.①社会科学–古籍–简介
(二次文献)–中国 Ⅳ.①Z835

中国版本图书馆 CIP 数据核字(2011)第 051376 号

天津人民出版社出版

出版人：黄　沛

(天津市西康路 35 号　邮政编码：300051)

邮购部电话：（022）23332469

网址：http://www.tjrmcbs.com

电子信箱：tjrmcbs@126.com

天津午阳印刷有限公司印刷　　新华书店经销

2011 年 4 月第 1 版　2014 年 9 月第 3 次印刷

880×1230 毫米　32 开本　6.375 印张

字数：130 千字

定　价：15.00 元

目录

《孟子》读法指导大概

阅读孟子，可取两种本子。一种是宋代朱熹的《孟子集注》。一种是清代焦循的《孟子正义》。两种都有商务印书馆的国学基本丛书本（《孟子集注》与《大学章句》、《中庸章句》、《论语集注》合称《四书章句集注》；中华书局也有。又，这四种是宋代以来至今通行的读本，各地都有木刻本)，后一种又有世界书局的诸子集成本，定价不高，而且容易买到。《四书章句集注》是朱熹一生心力所萃，其发挥处表示宋学的精神——宋学指宋代的道学，也就是现代所谓哲学。朱熹是宋代的大哲学家，他注这四部儒书，实即发挥二程（程颢、程颐）与他自己对于儒家思想的认识，所以表示宋学的精神。他的训诂考证虽不免有粗疏阙略之处，还待后来好些专家给他正补，但就一般说，简单扼要，篇幅不多，便于省览。《孟子正义》是依据后汉赵岐《孟子章句》的注，逐一给它作详密的疏，所采清代顾炎武以下六十余家之说；"于赵氏之说或有所疑，不惜驳破以相规正；至诸家或申赵义，或与赵殊，或专翼孟，或杂他经，兼存备录，以待参考"（见《孟子篇叙》篇末疏中）。这是集大成的工作，一般批评都说它当得精博两字。但篇幅繁多，训诂考证又偏于专门，初学者未必能够消化。现在不妨把《孟子集注》作为大家案头阅读的本子，而从图书室中检出一部《孟子正义》来，供偶尔的参考；能力较强，素养较深的同学，自可兼看《正义》。

参考书不拟多举，只提以下四种。一是历史课内所用的本国史课本。要读孟子，不可不明瞭孟子所处的时代；关于这一点，无论何种本国史课本，多少总有述及。二是冯友兰的《中国哲学史》（商务印书馆本）。这部书的十六章讲孟子思想极简要。阅读古代所谓诸子，必然牵涉思想问题，这就关系到哲学。哲学不一定微妙难知；就简单方面说，只是哲学家所抱的一种见解，"持之有故，言之成理"而已。所以，国文课内的阅读，也可取关于哲学的书籍来作参考。三是钱穆的《论语要略》（商务印书馆本）。这是一本研究《论语》也就是研究孔子的书；孟子自负继承孔子，他的思想与孔子关系最密切，理解《论语》当然可以帮助理解孟子。但所以提出这本书，尤其重要的，在它的方法。《论语》只是散乱地记述孔子的言行，这本书却从其中采辑相关的材料，分题研究；因为材料是本身的，排比在一起，其结论也就显然可知，没有穿凿附会的弊病：这种研究方法，对于孟子也极为合式。四是裴学海的《古书虚字集释》（商务印书馆本）。孟子一书，虽与后代的文言相差不远，但还有若干虚字，是后代文言所不常用的。这种虚字的训释，《孟子正义》收集得很齐备；恐怕一般同学无力看《正义》，所以提出这一本书。其体例与字典相似；对于每一个虚字，从实例中归纳出若干训释来，在每一个训释之下，就列举古书中的那些例句。只是各字的排列次第，与寻常字典不同；它不依各字的形体，按部首排列，而依各字的声音，按音母编次。起初使用它，不免感觉不便；但音母实在并不难辨，少加注意，渐即熟悉，若是记得注音符号注音的人，一经指点便明白了。——以上所举，除第一种外，通常认为大学适用的；拿来给高中同学参考，似乎是躐等。但所谓某种书适宜于某种程度的读者，原是大概的说法；高中二三年的同学，距离大学的阶段已经不远，若能多努力，多用心，便是大学用书，又何尝不可参考？况且这三种书都是现代人编撰的，条理明白，文字流畅，比较参考从前人编撰的书，阅览上可以省力不少，理解上也有亲切之感。这是提出它们来的又一层理由。

《孟子》一书，记载孟子一家的思想言论，与《荀子》、《庄子》等书同类，应当归入"子"部。《汉书·艺文志》，《隋书籍志》、《旧唐书·经籍志》都把它列在儒家，正是认孟子为诸子之中的一家。但是到了宋代，《孟子》一书却被选拔出身，升到了"经"部。清代何绍基《东洲草堂诗集》中有"寄题丁俭卿新获嘉祐二体石经册"七言古诗一首，题目下记道："丁俭卿舍人凡新得宋嘉祐二体石经三百七十余纸，为《易》、《书》、《诗》、《春秋》、《礼记》、《周易》、《孟子》七经。玉海等书述汴石经，不言有孟子。表章亚圣，自此刻始。是足补史志之阙"。以前的石经不收《孟子》，这嘉祐石经却收了，可见把《孟子》归入经部是从宋仁宗时候开始的。而南宋陈振孙作《直斋书录解题》，把孟子列入经类，是目录家对孟子移易观点的开头。"经"字原指六艺（诗、书、乐、易、礼、春秋）而言（这样用得最早的，当推《礼记》中的《经解》）。六艺都是孔子以前的旧籍，孔子教人，这些就是他的教科书。他教的时候，也许加点儿选择，又或随时引申，算是他的讲义。后来人所说孔子删正六经，情形大概如此。孔子以后的儒家效法孔子，继续用六艺教人，而他却只讲自己的思想学说，不讲旧籍，因此，六艺就似乎是儒家所专有。到汉武帝时候，罢黜百家，专尊儒术，立诗、书、礼、易、春秋于学官（或说乐经其时已亡失，或说乐本没有专书），定名为五经；于是"经"字开始含有特别高贵的意味。唐代以三礼（《仪礼》、《礼记》、《周礼》）三传（《左传》、《公羊传》、《穀梁传》）合诗、书、易为九经。唐文宗开成年间，在国子学刻石，又把《孝经》、《论语》、《尔雅》加进去，为十二经。到了宋代，如前面所说，孟子又被加进去，便成十三经。现在用平心的看法，经部书实在就是儒家的书；孟子虽是诸子之中的一家，但如陈振孙所说："自韩文公称'孔子传之轲，轲死不得其传'，天下学者咸曰孔孟，孟子之书，固非荀杨以降所可同日语也"，那么被列入经部确是应该的。

《孟子》又是"四书"之中的一部。朱熹取《礼记》中的《大学》、《中庸》两篇，以配论语、孟子，为作章句集注，定名为四书。他在《大学章句》的开头记道："子程子曰：大学，孔氏之遗书，而初学入德之门也。于今可见古人为学次第者，独赖此篇之存。而论、孟次之。学者必由是而学焉，则庶乎其不差矣。"他的《中庸·章句序》说："中庸何为而作也？子思子忧道学之失其传而作也。……若吾夫子，则虽不得其位，而所以继往圣，开来学，其功反有贤于尧舜者。然当是时，见而知之者，惟颜氏曾氏之传得其宗。及曾氏之再传，而复得夫子之孙子思：则去圣远而异端起矣。子思惧夫愈久而愈失其真也，于是推本尧舜以来相传之意，质以平日所闻父师之言，更互演绎，作为此书，以诏后之学者。"可见他编辑四书，宗旨在供给研究道学的人一套有系统的教科书。他的意思，先读《大学》，懂了为学次第，才可以尽论、孟的精微；对于论、孟既能融会贯通，再读《中庸》，才可以穷道学的指趣（现在四书次第,《中庸》在《大学》之后,乃以篇幅多少排列,并非朱熹的原意)。这套教科书,元仁宗延祐年间开始据以取士,明代清代因仍不改,凡读书的人必须诵习,势力最为广遍。因此,四书几乎成为知识分子的常识课本,无论习行方面、思想方面、言语方面,都不免与它发生关系。现在读《孟子》,这一层也是应该知道的。

《孟子》一书,汉人都以为孟子自作。司马迁《史记·孟子荀卿列传》里说:"孟轲……游事齐宣王,宣王不能用。适梁,梁惠王不果所言,则见以为迂远而阔于事情。……所如者不合。退而与万章之徒序诗书,述仲尼之意,作孟子七篇。"赵岐孟子题辞里说:"孟子闵悼尧舜汤文周孔之业将遂湮微,……于是则慕仲尼,周流忧世,遂以儒道游于诸侯,思济斯民。由不肯枉尺直寻,时君咸谓之迂阔于事,终莫能听纳其说……于是退而论集所与高弟弟子公孙丑万章之徒难疑答问,又自撰其法度之言,著书七篇。"这都说孟子如现在的教师一样,自编讲义,自订学生所作的笔记,集合起来,成为一部学术讲录。到唐代韩愈,始以为其书出于弟子之手。韩愈答张籍书里说:"孟轲之书,非轲自著;轲既殁,其徒万章、公孙丑相与记轲所言焉耳"。这是说孟子一书只是学生的笔记集,孟子自己并没有动笔。后人给后一说找证据,提出两点。一点是:孟子书中,对于孟子所见诸侯大都称谥,而诸侯之中,有可断言死在孟子之后的(如鲁平公),孟子决不能预知死后的谥;可证其书并非孟子自作。又一点是:孟子书中,对于孟子弟子大都称"子",这是尊称,非师对弟子所宜用;可证其书并非孟子自作。对于前一点,有人解释说,书是孟子自己所作,但后来又经弟子编定;当编定的时候,于当时诸侯,就其可知的,一律加谥,以便识别。对于后一点,有人解释说,"子"是男子的通称，不一定是尊称，师对弟子也常用；在孟子书中，就有"子诚齐人也"、"我明诸子"的话，都是孟子称他的弟子可以为证。前一解释是可能的，后一解释是确凿的；但只能证明那两个证据不很坚强，并不能就此证明孟子书确系自作。大概自作的确据是找不到的；清代阎若璩《孟子生卒年月考》里说："《论语》成于门人之手，故记圣人容貌甚悉；七篇成于己手，故但记言语或出处耳"；也只是想象之辞——不记容貌，岂便是自作的确据？现在只能信从较古且较可靠的材料，如朱熹一样，认为"史记近是"（见《孟子集卷》注首的《孟子序说》）。但有一点可以断言的，就是：无论是孟子自作或弟子所记，其编撰工作总之出于一人之手，不像大多数的子书那样，是一派中前后许多学者的著作的结集。这从文字方面看，便可以知道。朱熹说："《论语》多门弟子所集，故言语时有长短不类处；孟子疑自著之书，故首尾文字一体，无些微瑕疵，不是自下手，安得如此好？若是门弟子集，则其人亦甚高"（《朱子语类》）。首尾文字一体，读过《孟子》的人都有这种感觉；若不是出于一人之手，怎能一体呢？朱熹答人疑问，又说："熟读七篇，观其笔势，如镕铸而成，非缀缉所就也"（宋代王应麟《困学纪闻》引）。非缀缉所就，也说明出于一手的意思。还有一层，私人著作的古书，据现在所知，最早是《论语》。《论语》是记言体，极为简约。及到《孟子》、《庄子》等书，便由简约的记言进而为铺排的记言，更有设寓的记言；这是战国诸子文体的初步。此后乃有不用记言体而据题抒论的，如荀子书中的一部分，这是战国诸子文体演进的第二步（以上冯友兰《中国哲学史》引傅斯年说）。这也是文字观点上的话：要把孟子与其他子书比较，应先有这样的概念。

现在的《孟子》凡有七篇，是赵岐作《孟子章句》以后的本子。以前所传的《孟子》却有十一篇。赵岐《孟子题辞》里说："又有外书四篇——性善、辩文，说孝经、为政，其文不能宏深，不与内篇相似；似非孟子本真，后世依仿而讬也。"后来传孟子的都依据赵本，外书四篇于是亡失。但他书中称引孟子的话，为七篇中所没有的，现在还可以见到。清代顾炎武《日知录》里说："《史记》、《法言》、《盐铁论》等所引《孟子》，今《孟子》书无其文，岂俱所谓外篇者邪"；大概是不错的。至于七篇编排的次序，赵岐以为具有意义的。他在《孟子篇叙》里说："孟子以为圣王之盛，惟有尧舜，尧舜之道，仁义为上；故以梁惠王问利国，对以仁义为首篇也。仁义根心，然后可以大行其政；故次之以公孙丑问管晏之政，答以曾西之所羞也。政莫美于反古之道，滕文公乐反古；故次以文公为世子，始有从善思礼之心也。奉礼之谓明，明莫甚于离娄；故次之以离娄之明也。明者当明其行，行莫大于孝；故次以万章问舜往于田号泣也。孝道之本，在于情性；故次以告子论情性也。情性在内，而主于心；故次以尽心也。尽己之心与天道通，道之极者也；是以终于尽心也"。这样从散乱之中看出个条理来的办法，大概模仿易经的"序卦"，说得通时，未尝不新奇可喜。但这完全依据主观，只是读者的一种看法，决非作者当时编排的原意。现在不用主观的眼光，那么《孟子》每篇中的各章以及七篇的次序，只能说是大概以类相从，从政治经济的实际方面进到心性存养的抽象方面。《梁惠王篇》、《滕文公篇》中，大都是与当时诸侯及人事的谈话；《万章篇》中，大都谈尧舜禹汤以及孔子的故事；《离娄篇》、《尽心篇》中，汇集许多短章；所以说它大概以类相从。在前面的几篇中，谈政治经济的话居多，一贯的宗旨在阐明"王政"，到第六篇《告子》，却有许多章发挥对于"性"的见解，第七篇《尽心》开头一章便说尽心知性：所以说它大概以政治经济的实际方面进到心性存养的抽象方面。而第七篇《尽心》的末了一章，说从尧舜到孔子，每"五百有余岁"而有"知"道的圣人出世；以下接说孟子自己所处的时地："去圣人之世，若此其未远也；近圣人之居，若此其甚也"；结末说："然而无有乎尔，则亦无有乎尔"！叹息没有人继孔子而起，隐然以继承孔子之业为己任。这一章表明自家宗旨，与他书的"自叙"性质相近；编在末了，却不能说它没有意义。总之，孟子书的编排，并没有严密的逻辑的次序，所以不必按着次序一章章的读；为充分了解起见，还是颠乱了次序，把相关各章（如论《王政》的各章、阐明"民为贵"的各章）作一次读，来得有益。

孟子的出处《史记·孟子荀卿列传》记载得很略；生卒也不详。后来经许多人考证，其说互有异同。大概他先事齐宣王，后见梁惠王、梁襄王，又事齐宣王；年寿很高，在八十岁以上，卒于距今二千二百三十年前后。他那时代是所谓战国之世。我国古代，从春秋到汉初，是社会组织的大改变时期。在春秋以前，社会上显分两个阶级，一是贵族，一是庶人。贵族之中又有层层阶级，都握有政治权与经济权，而且世代相袭；庶人只是贵族的奴仆，平时替贵族服种种劳役，战时便替贵族打仗拼命。这在当时人的意念中，认为当然之事，故而大家相安过去。可是到了春秋之世，贵族阶级开始崩坏了。其时诸侯上僭于天子，卿大夫上僭于诸侯，陪臣也上僭于卿大夫；贵族阶级不能各自守其阶级的制限，本身就大乱起来。同时庶人崛起而为大地主、大商人，他们有了经济上的势力，也便有政治上的势力，足以威胁贵族。这是个全新的局面,以前不曾有过。有心人遇到了,自然要精思深虑,求得一个有条理的理论,以为自己及他人应付这新局面的标准。所谓诸子书,就是这样来的;诸子都是处在新局面中的有心人。社会组织的大改变,到汉代而渐渐停止,对于由自然趋势产生出来的新制度,大家又能相安;于是诸子也就没有了。以上说明我国古代特别有"诸子争鸣"这个现象的原因。再说处在新局面中的有心人,孔子是最早的一个;他却是拥护旧制度的。冯友兰《中国哲学史》里说:"在一社会之旧制度日即崩坏之过程中,自然有倾向于守旧之人,目睹"世风不古,人心日下",遂起而为旧制度之拥护者,孔子即此等人也。不过在旧制度未动摇之时,只其为旧之一点,便足以起人尊敬之心;若其既已动摇,则拥护之者,欲得时君世主及一般人之信从,则必说出其所以拥护之之理由,与旧制度以理论上的根据。此种工作,孔子已发其端,后来儒家者流继之"。"为旧制度之拥护者","与旧制度以理论上的根据",这两语说明了孔子的精神,也就是儒家的精神;现在读孟子书,应当特别记住。孟子距离孔子一百多年,其时思想界情形,与孔子时候有所不同。在孔子时候,还没有其他有势力的学派,与孔子对抗;及到孟子时候,思想派别,已极复杂。他唯恐"孔子之道不著"(《滕文公下》:外人皆称夫子好辩章。),所以对于他派的学说,尽力攻击;除他自己明说的"距杨墨"(同在前章)以外,又驳斥"为神农之言者许行"(《滕文公上·许行章》),崇拜公孙衍张仪的景春(《滕文公下·公孙衍张仪章》)、讥讽他的淳于髡(《离娄上·男女授受不亲章》、《告子下·先名实者为人也章》)、主张薄税自夸有水利经验的白圭(《告子下·吾欲二十而取一章》)(《丹之治水也愈于禹章》)等人的主张或议论;对于法家、名家、阴阳家、兵家等，也都有反对的论调（"省刑罚"——《梁惠王上·晋国天下莫强焉章》——抵拒法家言，"生之谓性也，独白之谓白欤"？——《告子上·生之谓性章》——抵拒名家言，"天时不如地利"——《公孙丑下·天时不如地利章》——抵拒阴阳家言，抵拒兵家言的篇章尤其多，这里不列举了）。孟子书几乎是一部辩论集，这是孟子所处的时代使然。而他辩论的一贯精神，只是拥护旧制度，"与旧制度以理论上的根据"。

孟子以为旧时的政治经济制度都是要得的，他把它称为"仁政"或"王政"或"王道"；而当世的各国纷争，民生困苦，全由于诸侯不能行那种"仁政"，一般"游事诸侯"发言立说的人不懂得那种"仁政"。在事实上，旧时的政治经济制度只是自然趋势的产物，不一定含有什么道理；可是，他要把它作为当世的标准，自当说出道理来。这种道理是他想象出来的，推论出来的，不尽是旧制度的本真；用现在的说法，是他个人的"心得"，而不是"客观的叙说"；他讲尧舜禅让（《万章上·尧以天下与有诸章》），井田制度（《滕文公上·滕文公问为国章》），以及解释故事，称引诗书，无不如此。"仁政"为什么要得？因为王者以德行仁"（《公孙丑上·以力假仁者霸章》），一切施为都为民众着想，顾到民众的全部利益。民众为什么这样急慢不得？因为"民为贵"（《尽心下·民为贵章》）。他用这些道理来解释旧制度，这些道理其实是他的新理论。在孔子并不看轻霸者，对于齐桓公与管仲，曾经深表赞美（《论语·宪问篇》）；孟子却不惜说得歪曲一点，"仲尼之徒，无道桓文之事者"（《梁惠王上·齐桓晋文之事章》），而把政治分为"王""霸"两种，贵王而贱霸。在孔子主张正名，只说"君君，臣臣，父父，子子"，（《论语·颜渊篇》），处什么地位的人各尽他应尽的本分；孟子却更进一步，说"贼仁者谓之贼，贼义者谓之残，残贼之人，谓之一夫；闻诛一夫纣矣，未闻弑君也"（《梁惠王下·汤放桀章》），不尽君的本分的人简直不是君，不妨诛灭他。从他"民为贵"与"仁政"为民的观点，自不得不达到这样的结论。孔子自称"述而不作"（《论语·述而篇》），孟子师法孔子也是述而不作；其实他们并非不作，并非没有自己的新见解；只是以述为作，在称说古制，传述旧闻的当儿，就将自己的新见解参和其中而表达出来。孔子把春秋的"书法"归纳为"正名"两字，孟子把旧时的政治经济制度描写成为民的"仁政"；从他们依据旧材料之点来说，那是"述"，从他们将旧材料理论化之点来说，便是"作"了。儒家传统与后代的影响，在其"述"的方面小，在其"作"的方面大；换句话说，古制与旧闻的本身，对后代并没多大影响，其影响后代极大的，乃是儒家对古制与旧闻所加的理论。自从孟子把政治分为"王""霸"两种，直到如今，谈政治的人的心目中常常存着这种区别，无论国体是什么，政体是什么，总觉得"王道"是值得仰慕的，"霸道"是不足齿数的：可见孟子理论影响后代的大了。

　　"仁政"为什么必须施行？又为什么能够施行？这是孟子所必须说明的。他主张"仁政"，目的原在遏止当世的纷乱，解除民生的困苦；用现在的说法，他抱着一腔救世的热诚。若不说明这两点，怎能得到人家的信从？若不能得到人家的信从，又怎能达到他的目的？他说明这两点，把根据完全放在人的心理方面。他说："人皆有不忍人之心。先王有不忍人之心，斯有不忍人之政矣。以不忍人之心，行不忍人之政，治天下可运之掌上"（《公孙丑上·人皆有不忍人之心章》）。"人皆有不忍人之心"，社会纷乱,民生困苦,是"不忍人之心"所难堪的;所以"仁政"必须施行。这种心是人人皆有的,只要根据了这种心,发挥出来便是"不忍人之政",便是"仁政";所以"仁政"能够施行——非但能够施行,而且容易得很,一定办到,"可运之掌上"。他因齐宣王不忍见一头牛"觳觫而就死地"(《梁惠王上·齐桓晋文之事章》),便断定他可以"保民而王",意思就是如此。这可以说,他要说明他的政治见解才有他的心理见解,也可以说,他根据他的心理见解才有他的政治见解;总之,他的政治见解与心理见解是一贯的。在心理见解方面,他发挥得更为深广。因"人皆有不忍人之心",自然见得,性都善。从性善之说进行开来,便构成了他关于修养方面以及崇高人格的一套理论。

孟子说:"所以谓人皆有不忍人之心者,今人乍见孺子将入于井,皆有怵惕恻隐之心;非所以内交于孺子之父母也,非所以要誉于乡党朋友也,非恶其声而然也"(《公孙丑上·皆有不忍人之心章》)。怵惕恻隐之心就是现在所谓同情,并无所为,而自然流露。以下接着说:由是观之。无恻隐之心,非人也。无羞恶之心,非人也。无辞让之心,非人也。无是非之心,非人也。"对于羞恶,辞让,是非之心,没有如对于恻隐之心那样举出例证;但他的意思,必以为这三种心也是并无所为,而自然流露,看"由是观之"一语便可推知。他说过"人之所以异以禽兽者几希"《离娄下·人之所以异于禽兽者几希章》,恻隐、羞恶、辞让、是非之心便是那"几希"的部分,所以说没有这四种心就不是人。以下接着说:"恻隐之心,仁之端也。羞恶之心,义之端也。辞让之心,礼之端也。是非之心,智之端也。人之有是四端,犹其有四体也"。这"端"字可以比做萌芽,植物有萌芽,乃是自然机能,只须营养得宜，不加摧残，自会发荣滋长；人的"四端"正与相同，像四体一样，"我固有之也"（《告子上·告子曰性无善无不善也章》）只须扩而充之"，不为"自贼"，自会完成具有仁义礼智四德的崇高的人格。人人皆有"四端"，是孟子性善之说的根据。但事实上确有不善的人，这由于他们不能扩而充之，不把"四端"积极发展的缘故。所以他说："求则得之，舍则失之；或相倍蓰而无算者，不能尽其才者也"（同在前章）。"才"就是现在所谓本质，指人人有善性而言；一般人不能发展他们的本质，"舍则失之"，便流于恶；善与恶之间，才有倍蓰乃至计算不清的距离。因此，光是有这"四端"，而任其自然，是不行的；人要合于所以为人的道理，而不致同于禽兽，必须"尽其才"，扩充这"四端"。这是孟子对于修养的根本观点。修养到了极致，当然是崇高的人格；可是，依他的说法，"圣人与我同类者"（《告子上·富岁子弟多赖章》）；"尧舜与人同耳"（《离娄下·王使人瞯天子章》）。圣人具有崇高的人格，尧舜是他心目中的标准圣人，却说得这么平常，毫不希奇，见得圣人也不过扩充到了家，无论什么人原都可以扩充到家的。

　　以上所说，大部分根据冯友兰《中国哲学史》，为篇幅所限，只能扼要提出；诸同学要知道得详细，可以参看原书。但读《孟子》一书，有了上述的一些概念也就够了。孟子的政治见解与心理见解是一贯的，无非从人性本善的观点出发：记住了这一层，读他的二百几十章便能左右逢源，而不至于迷离恍惚，不明白他何所为而云然。不过，刚着手读过三遍，只能知道孟子思想的大概而已，决不能说已经读通了孟子；往后每多读一回，必将多一分了解，多一层领会，其了解与领会的增多且将永无止境。这不但读孟子书如此，读古典或具有永久价值的文学作品，大都如此。因为这些东西不比数学的定理或化学的方程式，除非不懂，要懂就完全懂；这些东西是要用生活经验去对付的，生活经验愈丰富，愈能够咀嚼其中的意味；一个人的生活经验没有止境，所以一部古典或文学作品，可以终身阅读而随时有心得。孟子书是宋代以来势力很广遍的一部古典，几乎成为知识分子的常识课本，诸同学现在读它只是个开端，将来自当随时读它。抱着拘泥的态度读它当然流为迂腐（如相信今世必须有仁者出来王天下才行），但抱着融通的态度读它却是真实的受用（如相信人必须合于所以为人的道理）。

《孟子》七篇，据今本共三万五千二百二十六字，诸同学要以两个月的课外略读时间完全仔细读过，事实上恐怕办不到。那只好取尤其重要的来读，如与当时诸侯人士论仁政的以及发挥性善之说的若干章。读的时候，须认定两个目标：一是知道孟子思想的大概；一是藉此养成阅读虽古而并不艰深的文言的能力。知道某人的思想，当然不就是信从某人的思想；但知道得既已真切，把自己的生活经验来印证，又觉此时此地仍还适合的时候，便不妨信从。古典之中，孟子的文学较易通晓，议论的发展，语调的呼应，都与现在人相近；超旷飘逸的文字如《庄子》，简奥费解的文字如《墨经》，尽可以让具有哲学兴趣的文学者与考据者去研究，一般人不一定要阅读；而如《孟子》那样的文字，却是受教育的人所必须通晓的，若还不能通晓，就可以说不懂文言，吃亏自不必说。——以上是对于两个目标的说明。

前面说过把相关的各章作一次读的话。所谓相关的各章，就是各章同属于某一个题目的意思。题目由读者的观点而定：对于《孟子》的二百几十章，可取的观点无数，所以题目也无数，各章的组合方式也无数。现在只能举一个例子来说。孟子对于修养，根本见解在扩充"四端"，其扩充的条目怎样呢？这便是一个观点，一个题目。假如择定了这个题目，至少得把以下各章排比起来读。《公孙丑上·人皆有不忍人之心章》说明人皆有"四端"，《告子上·告子曰性无善无不善也章》也说明人皆有"四端"；前章以"苟能充之，足以保四海，苟不充之，不足以事父母"作结，仅说及能否扩充的后果；后章却有"弗思耳矣"与"求则得之，舍则失之"的话，见得那些不能扩充的人，其病在于"弗思"。能思便能扩充，《告子上·公都子问曰章》即说明此意。那章里说："耳目之官不思而蔽于物，物交物，则引之而已矣。心之官则思，思则得之，不思则不得也。"人有与禽兽同具的"耳目之官"，又特别有禽兽所不具的能思的"心之官"；"心之官"当其职而能思，"耳目之官"就不为外物所蔽，善端自能尽量扩充了。因此，讲求扩充，从消极方面说，必须寡欲，必须求放心。前一层意思见《尽心下·养心莫善于寡欲章》，后一层意思见《告子上·仁人心也章》。从积极方面说，必须慎于择术，存心为仁；这可看《公孙丑上·矢人岂不仁于函人哉章》。必须把"有所不忍""有所不为"的心推广开来，遍及于"所忍""所为"；这可看《尽心下·人皆有所不忍章》。必须在伦常之间实践，使善端自然扩充，各方面都无欠缺；这可看《离娄上·仁之实事亲是也章》。必须在实践上辨别人的"所欲""所恶"到底是什么，抱持着"舍生而取义"的精神；这可看《告子上·鱼我所欲也章》。而《万章下·一乡之善士章》所说的"尚友"古人，《公孙丑上·子路人告之以有过则喜章》所说的"与人为善"，也是讲求扩充的人应有的事儿。在扩充的过程中，要在"自得"，才可以"取之左右逢其原"；这可看《离娄下·君子深造之以道章》。又要在继续不间断，才可以积久而成熟；这可看《尽心下·孟子谓高子曰章》。扩充而不得所欲，譬如我爱人而人不爱我，我敬人而人不敬我，那不必怨人，只当向自己方面加功，"反求诸己"；《公孙丑上·矢人岂不仁于函人哉章》，《离娄上·爱人不亲反其仁章》，《离娄下·君子所以异于人者章》，都说到这层意思。"反身而诚"，如《离娄上·居下位而不获于上章》所说，"至诚而不动者，未之有也"。到得这个地步，便如《滕文公下·公孙衍张仪岂不诚大丈夫哉章》与《尽心上·孟子谓宋勾践曰章》所说，无论"达"或"穷"，"得志"或"不得志"，总之无往而不善；又如《尽心上·万物皆备于我矣章》所说，人生的"乐莫大焉"。——与前面所举的题目有关的，除了这里所指出的各章，当然还有；这里只是个简约的组合罢了。这样把若干章贯穿起来读，比较单读一章易于了悟，且也富有趣味。贯穿起来必须有一条线索，那线索便是读者的理解力，理解若不透彻，贯穿起来就将流于穿凿，那非但不能增进了悟，反而把自己搅糊涂了。因此，读的时候该分两个步骤：每章仔细体会，理解它的要旨，是前一个步骤；然后把相关各章贯穿起来，看出它们彼此照应，互相发明之点，是后一个步骤。古典原不妨阅读一辈子；现在阅读《孟子》，取两个步骤，实在不是徒劳无益之举。

前面说过，《孟子》书是铺排的记言体，其中更有设寓的记言。所谓铺排，就是说得畅达详尽；惟恐对方不感动，不了解，不相信，故用畅达详尽来取胜。这在较长的各章都可以看出。其所用方法，一种是逐层疏解。如《梁惠王上·孟子见梁惠王章》"万乘之国弑其君者""不夺不餍"若干语，只是上文"上下交征利而国危矣"的意思,不过说得更明白一点。又如《告子下·五霸者三王之罪人也章》开首提出"五霸者,三王之罪人也;今之诸侯五霸之罪人也;今之大夫,今之诸侯之罪人也。"三个判断,以下便逐一说明,说明完毕而文字也完毕。又如《滕文公上·有为神农之言者,许行章》说"或劳心,或劳力,劳心者治人,劳力者治于人"便接上"当尧之时……"一段,这不过是"岂无所用其心哉?亦不用于耕耳"的实例,为上文"劳心者治人"的解释;以下说了陈相倍他的师,便接上"昔者孔子没有……"一段,这不过说倍师是要不得的,藉以衬托出陈相的荒唐。第二种方法是不惮反覆——说了正面,再说反面,说了反面,又回到正面。如《梁惠王下·庄暴见孟子章》曰论乐,"今王鼓乐于此……","今王田猎于此……",先从"不与民同乐"的方面说;接着反过来,"今王鼓乐于此……","今王田猎于此……",又从"与民同乐"的方面说。又如《公孙丑上·仁则荣章》先提出"仁则荣,不仁则辱"的原则,以下"今恶辱而居不仁"与原则不相应,是反面;"如恶之,莫如……"才与原则相应,是正面;可是"今国家闲暇……",又说到反面去了。第三种方法是多用排语。如《梁惠王上·齐桓晋文之事章》的"为肥甘不足于口与?轻煖不足于体与?抑为色不足视于目与?声音不足闻于耳与?便嬖不足使令于前与"?列举种种嗜欲。又如《梁惠王下·所谓故国者章》从"左右皆曰贤"到"然后杀之",语作三排,其意无非说任贤诛罪,一切得从民意。又如《公孙丑上·人皆有不忍人心章》从"无恻隐之心,非人也"到"无是非之心,非人也",从"恻隐之心,仁之端也"到"是非之心,智之端也";书中说及仁义礼智的地方,往往作排语,不可尽举。第四种方法是插入譬喻——用具体的事例来显明抽象的理论。如《梁惠王上·齐桓晋文之事章》的"缘木而求鱼",《梁惠王下·为巨室章》的"教玉人雕琢玉",《公孙丑上·仁则荣章》的"恶湿而居下",《滕文公上·滕定公薨章》的"君子之德,风也,小人之德,草也",都是单纯的譬喻。又如《梁惠王上·寡人之于国也章》以战喻为政,同篇《齐桓晋文之事章》以力举百钧,明察秋毫喻仁心足以王天下,《公孙丑下·孟子之平陆章》以受人之牛羊喻牧民,《滕文公下·戴盈之曰章》以攘鸡喻闹市之征理,都譬喻来启发对方,使对方自然领悟,不得不首肯作者所持论。第五种方法是重言申明。如梁惠王的《上王曰叟章》的答语,开头说"何必曰利"?结尾又说"何必曰利"?《滕文公下外人皆称夫子好辩章》的答语,开头说"予岂好辩哉?予不得已也",结尾又说"予岂好辩哉?予不得已也"。——应用以上五种方法,文字自然见得畅达详尽,与日常谈话差不多了。现在一个善于谈话的人的言辞,或一个善于演说的人的讲辞,听者觉得畅达详尽;如果留意一下,便知道多少与这里所说的五种方法有关。至于所谓设寓,与上面所举譬喻例子两类之中的后一类相近;但并不明白表示说的是譬喻,仿佛那故事真有事似的;这便是寓言。《公孙丑上·夫子加齐之卿相章》的"宋人偃苗",《离娄下·齐人有一妻一妾章》的"齐人乞墦",都是例子。说了宋人偃苗的故事,以下便说"助长"无益而有害,说了齐人乞墦的故事,以下便说求富贵利达而不以其道的可羞,这样把设寓的意思点明,是寓言的原始的形式。

孟子文字倾向于铺排,而其书是记言体,可见孟子当时的说话本来就那么铺排。这是时代的影响。那时候游说之风大盛,游士立谈可以取卿相,全靠辩论的技术,畅达详尽,说得人动听。

孟子虽自视甚高，不屑将自己排在游士队伍里；可是他要"正人心，息邪说，距诐行，放淫辞"（《滕文公下·外人皆称夫子好辩章》），就不得不与游士一样，利用辩论的技术，一利用，自然走入铺排一路了。他说："予岂好辩哉？予不得已也"。可见他自己也承认，他的说辞与游士的辩是相仿的；不过游士的辩为的富贵利达，他的辩为的"不得已"，这是二者的分别。大概辩论不会十分浑厚，多少要露点儿锋芒。朱熹《孟子集注》卷首的孟子序说里，记着程子的话说："孟子有些英气，才有英气，便有圭角，英气甚害事。如颜子便浑厚不同。"这是在修养的造诣上所下的批评。现在不比较二人修养的造诣，单说孟子的文字，其英气是极易感觉到的，英气从何而来，就在于孟子好辩，具有游士的舌锋。

就学习语文的观点说，畅达详尽的具有英气的文字，与简约浑厚的文字，虽不能说二者有优劣之判，入手却有难易之不同，读了见效，也有迟速的分别。这就是说，前一类文字，阅读比较容易；要增进语文方面的素养，也以阅读前一类文字比较方便。现在读《孟子》，如果不是敷衍塞责的读，而是认认真真的读，其效果至少可以使思路开展，言辞顿适，没有枯窘、梗阻的毛病。尤其因为孟子文字与现在人说话相近，如果翻译为白话，大都与口头的白话差得不远，所以易于得到上述的效果。最好能够熟读，不去强记，而自然背诵得出。通体熟读也许不容易办到，选定其中较长的若干章，把它熟读，却是必要的。

孟子文字虽说与现在人说话相近，却也有些字句是后来文言中所不常用的。如"愿比死者一洒之"（《梁惠王上·晋国天下莫强焉章》）的"比"字，作"为"字"代"字解；"君为来见也"（《梁惠王下·鲁平公将出章》）的"为"字，作"将"字解；"夫子加齐之卿相"（《公孙丑上·夫子加齐之卿相章》）的"加"字，作"居"字解；这些都不可滑过，致文义含糊；若解细看注释，体会语意自也不致含糊。又如"则苗浡然兴之矣"（《梁惠王上·孟子见梁襄王章》）的"之"字，不作代名词用而与助词"焉"字相当，"吾不惴焉"（《公孙丑上·夫子加齐之卿相章》）的"焉"字，不作表决定的助词用而与表反诘的助词"乎"字相当，"舍皆取诸其宫中而用之"（《滕文公上·有为神农之言者许行章》）的"舍"字，作"止"作"不肯"解都很牵强，而作"任何"作"什么"解，同于现在的"啥"字（见《责善半月刊》第一卷第十一期李行之"孟子书中之方俗语"），便非常顺适；这些也须仔细揣摩，才能得其神情。又如"苗则稿矣"（《公孙丑上·夫子加齐之卿相章》），用现在的话说，就是"苗可枯了"或"苗却枯了"；"木若以美然"（《公孙丑下·孟子为卿于齐章相章》），用现在的话说，就是"棺木仿佛太好了一点似的"，"人之有道也"（《滕文公上·其为神农之言者许行章》）同于"人之为道也"，用现在的话说，就是"人的情形是这样的"；这样用贴切的今语来理解，便见得较生的句式都是生动有致的了。

　　杨树达《高等国文语》的总论里说："从孔子到孟子的二百年中间，文法的变迁已就很明显了。孔子称他弟子为'尔，汝'，孟子便称'子'了。孔子时代用'斯'，孟子时代便不用了。阳货称孔子用'尔'，子夏曾子相称亦用'尔，汝'，孟子要人'充无受两汝之实'（《尽心下·人皆有所不忍章》），可见那时的'尔，汝'已变成轻贱的称呼了。"这是读孟子书注意到文法方面的例子。又如称名，《论语》中无论他称自称，往往于单名之下加个助词"也"字，以表提示，"回也"，"赐也"，"由也"，"雍也"，不一而足；《孟子》中却极为少见，仅有"求也为季氏宰"（《离娄上·求也为季氏宰章》），"轲也请无问其详"（《告子下宋轻将之楚章》）等几处。在对话里，自称名字的有"克告于君"（《梁惠王·鲁平公将出章》），"丑见王之敬子也"（《公孙丑下·孟子将朝王章》），"比非距心之所得为也"（同篇《孟子之平陆章》），"前日虞闻诸夫子曰"（同篇《充虞路问曰章》），"丹之治水也愈于禹"（《告子下·丹之治水也愈于禹章》）等例子；可是称呼对手，便用代名词"子"字而不直呼其名。这可以看出语气与称谓的变迁。又如"然"字"如"字同样可以用作形容词副词的语尾，但《论语》以用"如"字为多，《孟子》以用"然"字为多。《论语》中这种用法的"如"字，最多见于乡党篇，他如"翕如也，……纯如也，皦如也，绎如也"（《八佾篇》），"申申如也，夭夭如也"（《述而篇》），"誾誾如也，……行行如也，……侃侃如也"（《先进篇》）都是。用"然"字的，只有"斐然成章"（《公冶长篇》），"颜渊喟然叹曰"（《子罕篇》），"硁硁然小人哉"（《子路篇》）等少数几处。孟子中这种用法的"然"字，如"慎然鼓之"（《梁惠王上·寡人之于国也章》），"天油然作云，沛然下雨，则苗浡然之矣"（同篇《孟子见梁惠襄王章》），"举欣欣然有喜色而相告曰"（《梁惠王下·庄暴见孟子曰章》），"岂不绰绰然有余裕哉"（《公孙丑下·孟子谓蚔蛙曰章》），"予然后浩然有归志"，"悻悻然见于其面"（同篇《孟子去齐尹士语人曰章》），使民盼盼然终岁勤动"（《滕文公上·滕文公问为国章》），"何为纷纷然与百工交易"（同篇《有为神农之言者许行章》），"夷子怃然为闲曰"（同篇《墨者夷之章》），"如其自视欿然"（《尽心上·附之以韩魏之家章》）都是。用"如"字的，只有"则皇皇如也"（《滕文公下·周霄问曰章》），"骦虞如也，皜皜如也"（《尽心上·霸者之民章》）等少数几处。两书这两个字，规律实相一致，就是：在语中用"然"，在语末用"如"，又加上个助词"也"字。但从多用少用上，也就可以看出孟子时代的语言习惯与孔子时代不尽相同了。以上不过略发其凡，诸同学如能自定观点，将孟子书作文法一面的研究，是很有意思的事儿，而且可研究处不会嫌少的。

　　顾炎武《日知录》（卷十九）里说："'时子因陈子而以告孟子，陈子以时子之言告孟子'（《公孙丑下·孟子致为臣而归章》）。此不须重见而意已明。'齐人有一妻一妾而处室者，其良人出，则必餍酒肉而后反。其妻问所与饮食者，则尽富贵也。其妻告其妾曰："良人出，则必餍酒肉而后反。其妻问所与饮食者，尽富贵也。而未尝有显者来。吾将瞷良人之所之也"（《离娄下·齐人有一妻一妾章》）。"有馈生鱼于郑子产，子产使校人畜之池。校人烹之，反命曰："始舍之，圉圉焉；少则洋洋焉，攸然而逝。"子产曰："得其所哉！得其所哉"！校人出，曰："孰谓子产智！予既烹而食之，曰：得其所哉！得其所哉"（《万章上·诗云娶妻如之章》）！此必须重叠而情事乃尽。此孟子文章之妙"。这是读孟子书注意到文字技巧方面的例子。又如"杀人以梃与刃，有以异乎？……以刃与政，有以异乎"（《梁惠王上·寡人愿安承教章》）？"王之臣有托其妻子于其友，而之楚游者，比其反也，则冻馁其妻子，则如之何？……士师不能治士，则如之何四境之内不治，则如之何"（《梁惠王下·王之臣》）？都是远远引起，渐入题旨，对方感愧而无所逃遁？……又如《伊尹以割烹要汤章》（《万章上》）描写伊尹对于出处的心理，《伯夷目不视恶色章》（《万章下》）描写伯夷，伊尹，柳下惠，孔子四人各不相同的品格，都有抓住要点，传神阿堵的好处。诸同学如能按此类推，也将会有不少的心得。

《史记菁华录》读法指导大概

读《史记菁华录》，不可不知道《史记》的大概。《史记》的作者司马迁的传叙，有《史记》的末篇"自序"。那篇历叙他的家世，传述他父亲的学术见解和著述志愿，又记载他自己的游览各地和继承先志，然后说到《史记》的编例和内容。《汉书》里的《司马迁传》，就直钞那篇的原文，不过加入了迁报任安的一封书信罢了。现在为便利读者起见，作司马迁传略如下：

司马迁，字子长，生于龙门（龙门是山名，在今山西省河津县西北，陕西省韩城县东北，分跨黄河两岸，形如门阙）。他的生年有两说：一说是汉景帝中元五年（公元前 145 年），一说是汉武帝建元六年（公元前 135 年），相差十年。据近人考证，前一说为是。他的父亲谈，于各派学术无所不窥，当武帝建元元封之间，为太史令。谈死于元封初年（元封元年当公元前 110 年），迁即继职为太史令。因此，《史记》中称父亲，称自己，都作"太史公"（《天官书》里有"太史公推古天变"一说，"封禅书"里有"有司与太史公祠官宽舒议""太史公祠官宽舒等曰"两语，其中的"太史公"，和"自序"前篇用了六次的"太史公"，都是称父亲；各篇后面"赞"的开头"太史公曰"的"太史公"，都是称自己。官是太史令，为什么称"太史公"呢？关于此点，解释很多。有的说："太史公"是官名，其位极尊；驳者却说，《汉书》"百官公卿表"中并没有这个官。有的说，称"令"为"公"，同于邑令称"公"；驳者却说，这是僭称，用来称呼别人犹可，那里有用来自称的？有的说，迁尊其父，故称为"公"；驳者却说，明明自称的地方也作"公"，为什么对自己也要"尊"？有的说，尊父为"公"，是迁的原文，尊迁为"公"，是后人所改；驳者却说，后人这一改似乎有点愚。有的说，这个"公"字并没有特别表示尊重的意思，只如古代著书，自称为"子"或"君子"而已；此说用来解释称父和自称，都比较圆通，但得其真际与否，还是不可知。迁在青年时期出去游览；"自序"里说："二十而南游江淮，上会稽，探禹穴，闚窥九疑，浮于沅湘，北涉汶泗，讲业齐鲁之都，观孔子之遗风，乡村邹峄，厄困鄱薛彭城，过梁楚以归"，黄河、长江流域的大部分，他都到过，回来之后，作"郎中"的官。元封元年，"奉使西征巴蜀以南，南略邛筰昆明"，便又游览了西南地方。及继任了太史令，于太初元年（公元前104年）开始他的著作。"自序"里说："余尝掌其官，废明圣盛德不载，灭功臣世家贤大夫之业不述，堕先人所言，罪莫大焉。……于是论次其文"，可见他从事著作为的是继承先志。"论次其文"是就旧闻旧文加以整理编排的意思；他既受了父亲的熏陶，又读遍了皇室的藏书，观察了各地的山川、风俗，接触了在朝在野的许多人物，自然能够取精用宏，肆应不穷。天汉二年（公元前99年），李陵与匈奴战，矢尽力竭，便投降了匈奴。消息传来，一班朝臣都说陵罪很重；武帝问到迁，迁独替李陵辩白。他说："陵事亲孝，与士信，常奋不顾身，以殉国家之急，其素所畜积也；有国士之风。今举事一不幸，全驱保妻子之臣，随而媒蘖其短,诚可痛也!且陵提步卒不满五千,深輮戎马之地,抑数万之师,虏救死扶伤不暇,悉举引弓之民,共攻围之;转斗千里,矢尽道穷,士张空拳,冒白刃,北首争死敌:得人之死力,虽古名将不过也,身虽陷败,然其所摧败,亦足暴于天下。彼之不死,宜欲得当以报汉也"(见《汉书·李陵传》,《报任安书》中也提到这一层,大致相同)。这是说李陵人品既好,将才又出众,战败是不得已,投降是有所待,武帝以为迁诬罔,意在毁谤贰帅将军李广利(那一次打匈奴,李广利将三万骑,为主力军,但没有与单于大军相遇,因此少有功劳),并替李陵说好话;便治他的罪,处以最残酷的腐刑(割去生殖器)。这不但残伤了他的身体,同时也打击了他的精神;《报任安书》中说:"祸莫憯于欲利,悲莫痛于伤心,行草丑于辱先,而诟莫大于宫刑。刑余之人,无所比数,非一世也,所从来远矣。昔卫灵公与雍渠载,孔子适陈;商鞅因景监见,赵良寒心;同子参乘,爰丝变色:自古而耻之。夫中材之人,事关于宦竖,莫不伤气,况忼慨之士乎!"从这些话,可知他的羞愤和伤心达到了何等程度。受刑之后不久,他又作"中书令"的官。对于著作事业,还是继续努力;《报任安书》中有"所以隐忍苟活,幽粪土之中而不辞者,恨私心有所不尽,鄙没世而文采不表于后也。古者富贵而名摩灭,不可胜记,唯俶傥非常之人称焉,盖西伯拘而演周易;仲尼厄而作春秋;屈原放逐,乃赋离骚;左丘失明,厥有国语;孙子膑脚,兵法修列;不韦迁蜀,世传吕览;韩非囚秦,说难孤愤;诗三百篇,大氏贤圣发愤之所为作也:比人皆意有所郁结,不得通其道,故述往事,思来者。及如左丘明无目,孙子断足,终不可用,退论书策,以舒其愤思,垂空文以自见"的话,说明了他在痛苦之中,希望立言传世,垂名于久远的心理。接着就说:"仆窃不逊,近自托于无能之辞,网罗天下放失旧闻。考之行事,稽其成败兴坏之理,凡百三十篇;亦欲以究天人之际,通古今之变,成一家之言,草创未就,适会此祸;惜其不成,是以就极刑而无愠色。"写这封书信的时候,既说了"近自托于无能之辞"的话,又有了"百三十篇"的总数,他的初稿大概已经完成了。这封书信,据近人考证,作于征和二年(公元前91年):其时迁从武帝幸甘泉,甘泉在今陕西省淳化县西北,距长安西北二百里,所以书中说"会东从上来";次年正月武帝要幸雍,迁也将从行,所以书中说"仆又薄从上上雍"("薄"是"近"和"迫"的意思,也就是"立刻要")。如此说来,他的著作,从开始著手到初稿完成,共占了十几年的时间;一部开创的大著作,十几年的工夫自然是要的。他的死年不可知,大概在武帝末年或昭帝初年(武帝末年当公元前87年);年龄在六十岁左右。

司马迁所著的书,他自己并不称为《史记》。原来"史记"这个名词,在古代是记事之史的通称,这在司马迁书里,就有许多证据。如《周本纪》里说:"周太史伯阳读史记曰。'周亡矣'"!这"史记"指周室所藏的记事之史;《孔子世家》里说孔子"因史记,作春秋","十二诸侯年表序"里说孔子"论史记旧闻,兴而次春秋"这"史记"指孔子所见的记事之史;"自序"里说:"诸侯相兼,史记放绝","六国年表序"里序:"秦既得意,烧天下诗书,诸侯史记尤甚",这"史记"指各国所有的记事之史;"天官书"里说:"余观史记考行事,百年之中,五星无出而不反逆行",这"史记"指汉代的记事之史,从"百年之中"一语可以推知;"自序里"说:"绅史记石室金匮之书",这"史记"兼指汉代,秦代秦国(秦记独存,见《六国年表序》),及残余的各国的记事之史,这些都是他著书的参考资料。司马迁没有把"史记"这个通称作为自己的书的专名，也没有给自己的书取一个统摄全部的别的专名；他在"自序"里，只说"著十二本纪，……作十表，……作八书，……作三十世家，……作七十列传，凡百三十篇，五十二万六千五百字，为太史公书"而已。班固撰《汉书》，其《艺文志》承沿着刘歆的《七略》，称司马迁书为"太史公百三十篇"，没有"书"字。他的父亲班彪论史家著述，将太史公书与左氏、国语、世本、战国策、楚汉春秋并举（见《后汉书·班彪传》）。这可见在班氏父子当时，还没有把司马迁书称为《史记》的。但范晔在《后汉书·班彪传》的叙述语中，却有"司马迁著史记"的话。据此推测，《史记》成为司马迁书的专名，该是起于班范之间，从后汉到晋宋的时代。

《史记》一百三十篇，就体例而言，分为五类，就是："本纪"，"表"，"书"，"世家"，"列传"。《本纪》记载帝王的事迹，从五帝（黄帝、帝颛顼、帝喾、帝尧、帝舜）到汉武帝，有年的分年，没有年的分代。"表"编排各代的大事，年代已经不可考的作"世表"，年代可考的作"年表"，变化太剧烈的时候作"月表"；并表列汉兴以来侯王的封立和将相的任免。"书"叙述文化的各部门，如礼节、历法、祭祀、水利、财政等，都分类历叙，使读者对于这些方面得到系统的知识。"世家"按国按家并按着年代世系，记载若干有重要事迹的封建侯王；礼例和本纪相同，不过本纪记的是统治天下的人，世家记的是统治一个区域的人，有这一点分别而已。"列传"记载自古到汉或好或坏的重要人物，以及边疆内外的各国状态。这五类所包容，范围很广大，组织很完密；在汉朝当时，实在是一部空前的"中国通史"。自从有了《史记》，我国史书的规模就确定了，以后史家作史大多模仿它，现在所谓"二十四史"，除了"史记"以外的二十三史，体例都与"史记"相同（不过"世家"一类，以后的史中没有了。"书"一类自从《汉书》改称了"志"，便一直沿用下去，都称"志"而不称"书"。"表"和"志"并非各史都有，其没有这两类的，便只有"纪"和"传"了）。这种体例称为"纪传体"，与另外两个重要史体"编年体"和"纪事本末体"相对待。

五类之中，"本纪"和"世家"两类都有几篇足以引起人疑问的，这里简略的说一说。先说"本纪"方面。秦自庄襄王以上，论地位还是诸侯，应该入"世家"，迁却作了"秦本纪"，这是一点。项羽并没有得天下，成帝业，迁却作了《项羽本纪》，这是二点。惠帝作了七年的天子，迁不给他作"本纪"，却作了《吕太后本纪》，这是三点。以上三点疑问，看了"自序"的话，都可以得到解答。"自序"里说："略推三代，录秦汉，上记轩辕，下至于兹，著十二本纪，既科条之矣"。"科条之"是科分条例，举其大纲的意思；换句话说，十二"本纪"是全书的纲领。既要"录秦汉"，自不得不详及秦的先代。《秦本纪》里说："秦之先伯翳，帝颛顼之苗裔"，《秦始皇本纪》赞里说："秦之先伯翳，尝有勋于唐虞之际"，都是说秦的由来久远。《秦始皇本纪》赞里又说："自缪公以来，稍蚕食诸侯，竟成始皇"，"自序"里说："昭襄业帝，作秦本纪第五"：都是说秦的帝业的由来。况且诸侯史记大多散失，独有秦记保存着；要举纲领，自宜将秦列入"本纪"了。项羽自为西楚霸王，"霸"是"伯"的借字——"伯长"的意思，"霸王"便是诸侯之长。他实际上为诸侯之长，所以《项羽本纪》赞里说："分裂天下，而封王侯，政由羽出，号为霸王。"那自宜将他列入"本纪"了。惠帝当元年的时候，因为吕太后"断戚夫人（高祖的宠姬）手足，去眼辉耳,饮喑药,使居厕中,名曰'人彘'",便派人对太后说:"此非人所为:臣为太后子,终不能治天下。"迁既记载了这个话,下文又说,"孝惠以此日饮为淫乐,不听政"。在元年,惠帝便不听政了;惠帝即位以后,实际上纲纪天下的是吕太后。那自宜将她列入"本纪"了。再说"世家"方面。孔子并非侯王,志与老、庄、孟、荀同等,入"列传";迁却作了《孔子世家》,这是一点。陈涉起自群盗,自立为陈王,六月而死,以后就没有子孙传下去了,这与封建侯王的情形不同,也应入"列传";迁却作了《陈涉世家》,这是二点。《外戚世家》记载后妃,后妃与封建侯王更不相类,为什么要为她们作"世家"? 这是三点。以上三点疑问,也可以从"自序"得到解答。"自序"里说,"二十八宿环北辰,三十辐共一毂,运行无穷,辅拂股肱之臣配焉,忠信行道,以奉主上,作三十世家"。这说明了"世家"所叙人物,都是对统治者尽了"辅拂(同'弼'字)股肱"的责任的。孔子不仕于周室,在周固非"辅拂股肱之臣";但在汉朝人观念中,孔子垂教乃是"为汉制作",他的功劳,实在当代功臣之上。"自序"里说:"为天下制仪法,垂六艺之统纪于后世",便表示这个意思。那自宜将他列入"世家"了。汉室的兴起,由于天下豪杰群起反秦,而反秦的头一个,便是陈涉。《高祖本纪》里说:"陈胜等起蕲,至陈而王,号为'张楚',诸郡县皆多杀其长吏,以应陈涉";高祖便是响应陈涉的一个。《陈涉世家》里说:"陈胜虽已死,其所置遣侯王将相竟亡秦,由涉首事也"。"自序"里说:"天下之乱,自涉发难"。可见陈涉对于汉室虽没有直接的功劳,间接的关系却非常重大,如果陈涉不发难,也许就没有汉室。那自宜将他列入"世家"了。至于后妃列入"世家",因为她们对于统治者辅弼之功独大;换句话说,她们影响统治者最为深切。"外戚世家"开头说："自古受命帝王，及继体守文之君，非独内德茂也，盖亦有外戚之助焉。夏之兴也以涂山，而桀之放也以末喜，殷之兴也以有娀，纣之杀也嬖妲己；周之兴也以姜原及大任，而幽王之禽也淫于褒姒"，便说明这层意思。

五类之中，"列传"分量最多；体例并不一致，又可以分为三类，就是："分传"，"合传"，"杂传"。"分传"是一篇叙一个人，如"孟尝君""信陵君""李斯""蒙恬"等传都是。"合传"是一篇叙两个人或两个人以上，或因事迹关联，不可分割，便叙在一起，如《廉颇蔺相如传》是；或则时代虽隔，而精神相通，也便叙在一起，如《屈原贾谊传》是。"杂传"是把许多人，其学业或技艺或治术或行为相类的，按照先后叙在一篇里，计有"刺客""循吏""儒林""酷吏""游侠""佞幸""滑稽""日者""龟策""货殖"十篇，合了《扁鹊仓公传》（该是"医者列传"，但迁并没有标明），共十一篇。

《史记》中"本纪""世家""列传"三类，都是叙述人物和他们的事迹的，那些篇章并不是独立的单位，一个人物的性行，一件事情的原委，往往散见在若干篇中，读者要参看了若干篇才可以得其全貌；这由于作者认为一百三十篇是整部的书。他期望读者读的时候，不仅抽读一篇两篇，而能整部的读。其所以运用这样的做法，有几层理由可以说的。第一，一部《史记》包括若干人物的事迹，这若干人物的事迹，必然有若干共同的项目；若把每个人物的事迹，都叙述在关于其人的篇章里，必然有若干重复或雷同，就整部书看起来，便是浪费了许多可省的篇幅。所以作者把这些共同的事迹，叙述在关于主角的篇章里，同时连带叙及与此有关的其他人物；而在关于其他人物的篇章里，便节省笔墨，单说一句"见某篇"了事，有时连这一句也省去了。这叫做"互见",其主要目的在于避免重复。例如管仲晏婴两人的重要事迹,都叙在《齐世家》里;于是在"管晏列传"里,对于管仲,便只叙他与鲍叔的交情和他的政治主张两点,对于晏婴,便只叙他事齐三世,与越石父交和荐其御者为大夫三点。大概迁以为管晏的重要事迹,都与齐国关系极大,而管晏与齐国比较,自然齐国居于主位,所以叙在"齐世家"里,"齐世家"里既然叙了为避免重复起见,《管晏列传》里就不再叙了。若不明白这个《互见》的体例,单就"管晏列传"求知管晏,那是不会得其全貌的。第二,"互见"的体例不只在避免重复,又常用来寄托作者对于历史人物的褒贬。作者认为某人物该褒,便在关于其人的篇章里,专叙其人的长处,作者认为某人物该贬,便在关于其人的篇章里,专叙其人的短处;遇到该褒的人确有短处,无可讳言,该贬的人确有长处,不容不说的时候,便也用"互见"的办法,都给放到另外的篇章里去。例如《信陵君传》,前面既说"诸侯以公子贤,多客,不敢加兵谋魏十余年";末后又说"秦闻公子死,使蒙骜攻魏,拔二十城,初置东郡,其后秦稍蚕食魏,十八岁而虏魏王,屠大梁":隐隐表示信陵君的生死,影响到魏国的存亡。这由于迁对信陵君太倾倒了,任着感情写下去,以至"褒"得过了分寸。所以《魏世家》赞里又说:"说者皆曰,魏以不用信陵君,故国削弱;余以为不然。"读者若单看《信陵君传》而不注意《魏世家》赞里的话,对于迁的史识,就不免要发生误会。又如《信陵君传》写信陵君的个性,先提明"公子为人仁而下士",以下所叙许多故事,便集中在这一点;所以就文章论,这是一篇完整之作。但"仁而下士"只是信陵君个性的好的一方面;还有不甚高明的方面,却在另外的篇章里。《范雎传》里叙秦昭王要为范雎报仇,向赵国索取从魏国逃到平原君家里的魏齐，魏齐往见赵相虞卿，虞卿便解了相印，与魏齐同到大梁，欲见信陵君，信陵君犹豫不肯见，魏齐怒而自刭。虞卿可以丢了高官，陪着朋友亡命；信陵君与魏齐同宗，偏偏顾忌着秦国，拒而不见，无怪要引起侯嬴的讥刺了。同传里又叙秦昭王把平原君骗到秦国，软禁起来，向他要魏齐的头；平原君只说："贵而为友者为贱也，富而为交者为贫也；夫魏齐者，胜之友也，在固不出也，今又不在臣所。"平原君看重交情，表示得这么勇决，以与信陵君的顾忌犹豫相对比，更可见出信陵君的"仁"并非毫无问题。读者若单记着《信陵君传》里的"仁而下士"，对于信陵君的个性，就只知识了一半。第三，"互见"的体例，又常用来掩护作者，以免触犯忌讳。事实上是这样，而在作者所处的地位，却不容不说那样，否则便触犯忌讳；于是也用"互见"的办法，使读者参互求之，自得其真相。例如迁对于高祖项羽两人，他的同情似乎完全在项羽方面，但他是汉朝的臣子，不容不称赞高祖；因此，他写两人就运用"互见"的体例，大概从正面写时，高祖是一个长者，而项羽是一个暴君；从侧面写时，便恰正相反。《高祖本纪》开头说高祖"仁而爱人"，这是正面。在其他篇章里，便常有相反的记载。《张丞相传》里记载周昌对高祖说："陛下即桀纣之主也"；《佞幸列传》里直说"高祖至暴抗也"；此外见于《张耳陈余列传》《魏豹彭越列传》《淮阴侯列传》《郦生传》里的，不一而足。从这许多记载，读者可以见到高祖怎样的暴而无礼，恰正是"仁而爱人"的反面。《萧相国世家》里记载萧何请把上林中空地，让人民进来耕种，高祖大怒，教廷尉论萧何的罪，其后对萧何说："相国休矣！相国为民请苑，吾不许，我不过为桀纣主，而相国为贤相；吾故系相国，欲令百姓闻吾过也"。"桀纣主"的话，高祖自己也说出来了，可见高祖连假装"仁而爱人"的心思也并不存的。《高祖本纪》里说："怀王诸老将皆曰：'项羽为人慄悍滑贼'"，这是正面。在其他篇章里，便也常有相反的记载。《陈丞相世家》里记载陈平对高祖说："项羽为人，恭敬爱人，士之廉节好礼者多归之"；《淮阴侯列传》里记载韩信对高祖说："项羽见人，恭敬慈爱，言语呕呕，人有疾病，涕泣分食饮"，便在《高祖本纪》里，也还留着王陵的"项羽仁而爱人"一句话。陈平韩信都是弃楚归汉的人，王陵的母亲在楚死于非命，他们三个人对于项羽，当然不会有过分的好评；把他们的话合起来看，项羽"恭敬爱人"该是真的，恰正是"慄悍滑贼"的反面。读者若不把各篇参看，对于高祖项羽两人，就得不到真切的认识。

　　"互见"的体例具有避免重复，寄托褒贬，掩饰忌讳三种作用，《史记》是这样，以后模仿《史记》的许多史书也是这样。因此，凡属"纪传体"的史书，必须统看全部，才会得到人物及其事迹的真相；倘若仅仅抽读一篇两篇，那所得的只是个朦胧而不切实的印象而已。所以，在欲知一点史实的人，"纪传体"的史书并非必读：现在有好些研究历史的人，给大学生作了《中国通史》；给中学生读的"中国通史"似乎还没有，但编辑得完善一点的历史教本，也足够使中学生知道史实了。"纪传本"的史书，就其性质而言，还只是一种材料；把它参互比观，仔细钩稽，是史学专家和大学史学系学生的工作，仅仅欲知一点史实的人是不能而且也不必去做的。还有，"纪传本"以人物为经。自不得不以纪事迹为纬，即使不嫌重复，想不用"互见"的体例，事实上也办不到。而在欲知史实的人，却是事迹重于人物。一件事迹往往延续到若干年，另外一种"编年体"为要编年，把整件事迹分隔开来，看起来也不方便。所以宋朝袁枢在"纪传体"和"编年体"之外,创立"纪事本末体"而作"通鉴纪事本末",它把一件大事作题目,凡司马光《资治通鉴》中关于这件大事的记载,都钞来放在一起,这样,一件事迹便有头有尾,它的前因后果都容易看明白了。在旧式的史书中,"纪事本末体"比较适宜于一般欲知史实的人,这是应该知道的。

现在的《史记》并不是司马迁当时的原样,已经经过了许多人的增补和窜改。《汉书·司马迁传》载了《史记自序》之文,接着说:"迁之自叙云尔,而十篇缺,有录无书。"这是说整篇的缺失,而古代简策,保存不易,零星的残逸,也是可以想见的事。修补《史记》的,以汉褚少孙为最早;又有冯商和孟柳,"俱待诏,颇序列传"(见《汉书·艺文志》颜师古注);东汉时有杨终,"受诏删太史公书为十余万言"(见《后汉书·杨终传》);唐刘知几《史通》外篇《古今正史》中说《史记》之后,"豫向、向子歆、及诸好事者若冯商、卫衡、扬雄、史岑、梁审、肆仁、晋冯、段肃、金丹、冯衍、韦融、萧奋、刘恂等相次撰续,迄于哀平,犹名《史记》。"这些增补删削的本子,与原书混合起来是很容易的,着手混合的人也不一定为着存心作伪。现在的《史记》,惟褚少孙的补作低一格刊刻,或更标明"褚先生曰",可以一望而知,此外的增补和窜改便不能辨别了。旧注中颇有辨伪的考证;历代就单篇零句加以考证的,多不胜举;清崔适作《史记探源》八卷,举出伪窜之处特别多,虽未必完全可靠,但一般批评都认为当得"精博"两字。

关于《史记》的注释,宋裴骃的《史记集解》,唐司马贞的《史记索隐》,唐张守节的《史记正义》,合称"三注",现在都附刊在《史记》里。《史记集解》的序文中说:"考较此书(指《史记》),文句不同,有多有少,莫辩其实。而世之惑者,定彼从此,是非相贸,真伪舛杂。故中散大夫东莞徐广,研核众本,为作'音义',具列异同,兼述训解;粗有所发明,而殊恨省略。聊以愚管,增演徐氏,采经传百家并先儒之说,豫是有益,悉皆抄内,删其游辞,取其要实;或义在可疑,则数家兼列,……号曰'集解';未详则阙,弗敢臆说。"《史记索隐》的序文中说:"贞谀闻陋识,颇事钻研,而家传是书(指《史记》),不敢失坠。初欲改更舛错,裨补疏遗,义有未通,兼重注述。然以此书残缺虽多,实为古史,忽加穿凿,难允物情。今止探求异闻,采扩典故,解其所未解,申其所未申者,释文演注,又为述赞。凡三十卷,号曰《史记索隐》《史记正义》的序文中说:"守节涉学三十余年,六籍九流,地里苍雅,锐心观采,评史汉,诠众训释而作正义。郡国城邑,委曲申明,古典幽微,窃探其美,索理允惬,次旧书之旨,音解兼注,引致旁通,凡成三十卷,名曰《史记正义》。"看了以上所引,约略可以知道"三注"的大概。若作《史记》的研究,单看"三注"是不够;因为关于《史记》任何方面的考据,从唐以后还有很多,就是现在也常有人发表新见,必须搜罗在一起,互相比观,才谈得到研究。若并不作研究而仅仅是阅读,那不必全看"三注",也可以全不看,只要有一部较好的辞书,如商务印书馆《辞源》或中华书局《辞海》,就可以解决大部分疑难了。

《史记》的大概既已说明,才可以谈到《史记菁华录》。

现在中学里自有历史课程,或用教本,或由教师编撰讲义,学生据以研修,便知道了从古到今的史实。《史记》不是仅仅欲知一点史实的人所宜,前面已经说过,若把它认为古史教本,给中学生研修,那在能力和时间上都超过了限度,无论如何是不应该的（事实上也没有一个中学把《史记》作为历史教本的）。但同样一部书，往往可以从不同的观点去看它；譬如《庄子》，就内容的观点说，是一部哲学书，但就写作技术的观点说，却是一部文学书；又如《水经注》，就内容的观点说，是一部地理书，但就写作技术的观点说，却是一部文学书。内容和写作技术当然不能划然分开——要了解内容必须明白它怎样表达，要理会写作技术必须明白它说些什么；但偏重一方面，在一方面多用些工夫，那是可以的。从哲学的观点读《庄子》，必须弄清楚庄子思想的整个系统，以及它与当时别派思想的异同，它给予后来思想界的影响等项；从地理的观点读《水经注》，必须弄清楚古今的变迁，广稽图籍，知道什么水道还是与古来一样，什么水道却不同了，又须辨别原著的是非，详加考证，知道某处记载确凿可靠，某处记载却是作者的疏失；但从文学的观点读这两部书，这些方面便不必过于精求，只须注重在词句的运用，篇章的安排，以及人情事态的描写等项就是了。《史记》也同上面所举两部书一样，就内容的观点说，是一部历史书，就写作技术的观点说，是一部文学书。认《史记》为历史而读它，固非中学生所能胜任；但认《史记》为文学而读它，对于中学生却未尝不相宜。《史记》的多数篇章，叙人叙事都是"文学的"，值得恒久的玩味；《二十四史》中的各史，不一定全是文学，但《史记》无疑的是文学的名著。中学生读《史记》，目的并不在也能写出像《史记》一般的古文，而在藉此训练欣赏文学的能力和写作记叙文的技术；换句话说，藉此养成眼力和手法，以便运用到阅读和写作方面去，得到切实的受用。

中学生读文学名著，虽不宜贪多务博，广事涉猎，也不能抱定一书，不再他求。因此，对于每一部书，不能通读全部，只能节取其一部分；全部的分量往往太多了，非中学生的时力所能应付；所节取的一部分，当然是全书的精粹。教育部颁布的《中学国文课程标准》，在"实施方法概要"项的"教材标准"目下，初中的略读部分列着"有诠释之名著节本"一条，高中的略读部分列着"还读整部或选本之名著"一语，就是这个意思。现在提出的《史记菁华录》，就是一种"名著节本"或"选本之名著"。

《史记菁华录》是钱唐姚祖恩编的。他在卷首有一篇题辞，末书"康熙辛丑七夕后三日，苄田氏题"；卷尾又有一篇跋，末书"辛丑长至后三日阅讫题此"。据此可知他这部书的编成在清康熙六十年辛丑（公元1721年），"苄田氏"是他的别号，幸而题辞后面有吴振棫的短跋："此本为吾乡姚公祖恩摘录，比携之入黔，中丞善化贺公见而善之，命校勘刊行，以惠学者；道光癸卯五月，钱唐吴振棫识"；才使我们知道编者的姓名和籍贯。但除此以外，我们对于姚祖恩便别无所知。"善化贺公"是贺长龄，曾做贵州巡抚。吴振棫曾做贵州布政使，此书原版就在任内刊刻，所以卷首书名旁边署着"藩宪吴开雕"五字。"癸卯"是道光二十三年（公元1843年），据此可知此书行世快满一百年。原版而外，各地刻本不少；最近在成都买到一部，是民国三年成都文明阁刻的。自从西洋印刷术流传进来之后，又有些铅印石印的本子。你一定要在某家书铺子里买到一部，往往不能如愿；但如果随时留心的话，却很容易遇见此书，当然不限定那一种本子。

姚祖恩自题两篇，就所记时日看，跋作在前。此跋说明他的编撰体例，现在全录于后：

"《史记》一书，学者断不可不读，而亦至不易读者也。盖其文洸洋瑰丽，无奇不备，汇先秦以上百家六艺之菁英，罗汉兴以来创制显庸之大略，莫不选言就班，青黄纂组，如游禁苑，如历钧天，如梦前生，如泛重溟；以故谫材谀学无有能阅之终数卷者。前喆虽有评林，要亦丹黄粗及，全豹不呈。不揣荒陋，特采录而群阅之，务使开卷犁然，皆可成诵，间加论断，必出心裁。密字蝇头，经涉寒暑，幸可成编，固足为雪案之快观也。若所删节者，刊本具存，岂妨绣读。世有三仓四库烂熟胸中之士，吾又安能限之哉"？

这里说他所采选的，都可以认为完整的篇章；如要看删去的部分，自有整部的《史记》在那里。采选之外，他又自出心裁，加以评注。题辞一篇，说明他编选此书的用意，现在摘录如下：

"余少好阅《史记》，循环咀讽，炙輠而味益深长。顾其伙颐奥衍，既不能束之巾笥；又往喆评林，迄无定本，尝欲抽挹菁华，批导窾却，使其天工人巧，刻削呈露；俾士之欲漱芳润而倾沥液者，澜翻胸次，而阅之精神眉宇，亦且郁勃翔舞于尺寸之际，良为快事矣。……古人比事属辞，事奇则文亦奇，事或纷糅，则文不能无冗蔓；故有精华结聚之处，即不能无随事敷衍之处。掇其菁华而略其敷衍，而后知古人之作文甚苦，而我之读者乃甚甘也。今夫阅之文得于善游，夫人而能言之矣；则当其浮长淮，沂大江，极览夫惊沙逆澜，长风怒号，崩击而横飞者，吾于其书而掇取之；望云梦之泱漭，睹九嶷之芊绵，苍梧之野，巫山之阳，朝云夕烟，靡曼绰约，吾于其书掇取之；临广武之墟，历鸿门之坂，访潜龙之巷陌，思霸主之雄图，鹰扬豹变，忼慨悲怀，吾于其文而掇取之；奉使巴岷，吊蚕业鱼凫之疆，扪石栈天梯之险，萦纡晦窅，巉峭幽深，吾于其文而掇取之；适鲁登夫子之堂，抚琴书，亲杖履，雍容鱼雅，穆如清风，吾于其文而掇取之。若夫后胜未来，前奇已过，于其中间，历荒陬而经破驿，顽山钝水，非其兴会之所属，斯逸而勿登焉。读其文而可以知其游之道如彼，则文之道诚不得不如此也。……凡"史记"旧文几五十万言，今撷其五之一；评注皆断以鄙意，视他本为最评，约亦数万言。龙门善游，此亦如米海岳七十二芙蓉，研山几案间卧游之逸品也。因目之曰《史记菁华录》云。"

这里说摘出一些部分，足以表见《史记》文字的"天工人巧"，供学者研摩；又把游览比喻读书，游览可以挑选那最胜之处，"顽山钝水"便舍弃不顾，读书可以挑选那精粹之处，随事敷衍的笔墨，便也舍弃不顾：这是文章家的看法，把《史记》认为文学书，与史学家的看法全然不同。其中"事奇则文亦奇"的"奇"字，与跋中"无奇不备"的"奇"字，在评注中也常常用到，并不是"奇怪"或"新奇"的意思；大概"事奇"的"奇"字指其事可供描写而言，"文奇"的"奇"字指其文描写得出而言。但站在史家的立场，不能专取那些可供描写的材料；一事的过场脉络，也不得不叙；趣味枯燥可是关系重要的事迹，也不得不记。这些材料，在文章家看来，便是不奇的事；写成文字，只是寻常的记叙文，便是不奇的文了。

此书选录"本纪"三篇，"表序"三篇，"书"三篇，"世家"九篇，"列传"三十三篇，共五十一篇。各篇之中，并不都加删节，全录的有十六篇（《高祖功臣年表序》、《秦楚之际月表序》、《六国表序》、《萧相国世家》、《伯夷列传》、《司马穰苴列传》、《孟子荀卿列传》、《信陵君列传》、《季布栾布列传》、《张释之冯唐列传》、《魏其武安侯列传》、《李将军列传》、《汲郑列传》、《酷吏列传》、《游侠列传》、《滑稽列传》）。于"合传"中全录一人之传的也有五篇（于

《老庄申韩列传》全录《老子传》，于《屈原贾生列传》全录《屈原传》，于《韩王信卢绾列传》全录《卢绾传》，于《郦生陆贾列传》全录《陆贾传》而《郦生传》有删节，于《扁鹊仓公列传》全录《扁鹊传》而《仓公传》有删节）。这些全录的，该是编者所认为完整的篇章，文学的佳作。从此又可推知，凡加以删节的，他必认为其中有"随事敷衍之处"，非作者"兴会之所属"。如"本纪"一类，原是全书的纲领，从史学的观点看，是极关重要的；但作者写来，不能不平铺直叙，有如记账。所以十二"本纪"中，他只选了三篇，而且都加以删节。于《秦始皇本纪》，只取了"议帝号"、"制郡县"、"废诗书"三节；这三节主要部分是议论，阔大而简劲，其事对于后来又有极大关系，故而采选。于《项羽本纪》，删去的部分就没有《秦始皇本纪》那么多，约占全篇的三分之一，都是叙述当时一般的战争情势的。原来《项羽本纪》注重在描写项羽这个人物，在十二"本纪"中，是并不拘守体例的一篇；从文章家看来，描写项羽的部分都是好文章，其叙述当时一般的战争情势的部分，虽是史学家所不容忽略，然而非作者"兴会之所属"了。于《高祖本纪》，只取了开头叙高祖微时的一节，和高祖还沛，酒酣作《大风歌》的一节；这两节都是描写高祖这个人物，采选的用意与《项羽本纪》相同。——其他各篇删节，大致都是如此。

编者用从前人评点的办法，把《史记》文字逐语圈断：认为颇关紧要或文章佳胜的处所，便在旁边加上连点或连圈。因为刊刻的不精审，就是原版也有很多地方把圈断的圈儿刻错了，其他翻刻排印的本子，也不能完全校正无误；其加上连圈的部分，把一段文字一直圈下去，圈断之处便无辨别。因此，阅读此书的时候，先得自己下一番工夫，详审文字的意义而加上句读，不能全靠圈断的圈儿。阅读古书，第一步原在明句读；句读弄清楚了，对于书中的意义才确切咬定，没有含糊。像此书似的单用一种圈儿作符号，语意未完的地方是圈儿，语意完足的地方也是圈儿，本来不很妥当。读者自己下一番工夫，在语意未完的地方用"读号"（"，"），在语意完足的地方才用"句号"（"。"），这是很有意思的一种练习，使你对于文中每一个字都不滑过。至于文字旁边的连点和连圈，也可以不必重视；因为加上这种符号由于编者的主观，读者若能读得透彻，别有会心，也自有他的主观，而这两种主观，从读者方面说，以后者为要，前者只有拿来比照的用处罢了。

古人作文不分段，现在重印古书，往往给它分段，如果分得很精审的话，在读者自是极大便利。此书除了删去一段，下段另行开头以外，仍照原样不分段。因此，读者在断句之后，还得下一番分段的工夫。这番工夫也不是白用的，从这上边，你可以练习解析文章的手段。分段的时候，可以参考此书的注，因为注中有时提到关于段落的话。如《项羽本纪》，此书节录"初宋义所遇齐使者高陵君显在楚军"至"项羽由是始为诸侯上将军，诸侯皆属焉"为一段；但在其中"当阳君蒲将军皆属项羽"一句下注道："以上一大段，总写羽为上将军之案"，便可知此处是一段之末，以下"项羽已杀卿子冠军"可另作一段。又如同篇节录叙"鸿门之会"的文字为一段；但在其中"乃令张良留谢"一语下注道："张良留谢，自作一段读"，便可知此处是一段之始，该与上一语"于是遂去"割开。在注中没有提到的地方，就得自出心裁，把每一段都分得极精审。

编者所加评注，篇中篇末都有。在篇中的，有的写在文句之下,有的写在书页的上方,如所谓"眉批"。大致评注少数语句的,写在文句之下,评注较长的一节的,写在书页的上方;但这个区别并不严格,只能说是编者下笔时随便书写的结果。在篇末的,是对于本篇的评论;所选五十一篇的后面,并不是每篇都有,只有二十四篇有。我们既选读此书,对于这些评注,应当明白它的体例,辨别它的善否,选择它的善者而利用它。以下便就这方面说。

通常所谓"注",是解释字义句义,凡读者不易了悟之处,都把它申说明白;或考证故事成语,凡读者见得生疏之处,都把它指点清楚。这类的注,此书并不多,所以阅读的时候,案头应当备一部较好的辞书。但此书属于这类的注,大体都明白扼要,可以阅看。如《秦始皇本纪》"丞相绾,御史大夫劫、廷尉斯等"下注道:"秦初三公之职如此",读者便知"丞相""御史大夫""廷尉"是秦的"三公",汉时"三公"是因袭秦制。又如《项羽本纪》,于"公将见武信君乎"下注道:"即项梁",于"项王令壮士出挑战"下注道:"独骑相持,不用兵卒者,谓之挑战";于赞语"何兴之暴也"上方注道:"暴字只是骤字义,言苟非神明之后,何德而致此骤兴也",读者对于"武信君""挑战"和"暴"字,或将迷惑,看了注语,便明白了。又如《秦始皇本纪》,于"人善其所私学,以非上之所建立"下注道:"人各以其所私学者为善也,长句曲而劲";《高祖本纪》,于"高祖每酤,留饮酒,雠数倍"下注道:"始则索钱数倍常价,以其不琐琐较量也":读者于此等语句或将不明其义;看了"人各以其所私学为善",便明白什么是"人善其所私学";看了"索钱数倍常价",便明白什么是"雠数倍"。不过也偶尔有解释错的。如《项羽本纪》,于"马童面之,指王翳曰:'此项王也'下注道；"回面向王翳也"；把"回面向"解释"面"字，把又之认为称代王翳，都是显然的错误。这个"面"字向来认为用的反训，是"背向"的意思；又有人说是"偭"的借字，"偭"有"向"义，也有"背"义，《离骚》中"偭规矩而改错"的"错"字，便是"背"义。用代名词"之"字，所代的人或事物必然先见，没有先见了"之"字，然后提出它所代的人或事物的；现在说"回面向王翳"，便是"之"字先见，王翳后出了。这个"之"字分明是是称代上一句"项王身亦被十余创……"的"项王"；"面之"便是"背向项王"。

　　除了前一类的注以外，多数的评注可以分为两大类：一类是关于文章的，一类是关于事迹的。现在先说前一类。前一类中又可分为几类。一类是说明文章的段落，前面已经提及，这里不再说了。又一类是说明文章的层次脉络。《秦始皇本纪》，于"收天下兵，聚之咸阳，销以为钟金，金人十二，重各千石，置宫廷中"下注道："一销兵"，于"一法度衡石丈尺，车同轨，书文字"下注道："二同律"，于"地东至海，暨朝鲜，西至临洮羌中，南至北向户，北据河为塞，并阴山，至辽东"下注道："三舆地"，于"徙天下豪富于咸阳十二万户，诸庙及章台上林，皆在渭南"下注道："四建京"，看了这四注，对于这节文字便有了统括的观念。又如《项羽本纪》，于"是时汉兵盛食多，项王兵罢食绝"下注道："成败大关目，提出大有笔力"；于张良陈平说汉王语中的"楚兵罢食尽"下又注道："再言之"；于"项王军壁垓下，兵少食尽"下又注道："三言之"；其上方又注道，"'兵罢食尽'之语凡三提之，正与项王'天亡我'之言呼应；史公力为项王占地步，其不肯以成败论英雄如此，皆所谓'一篇之中，三致意焉'者也"。这提醒了读者，由此可知屡叙兵罢食尽并不是无谓的赘笔。又如同篇，于"项王身亦被十余创，顾见汉骑司马吕马童曰：'若非吾故人乎？'马童面之，指王翳曰：'此项王也'。项王乃曰：'吾闻汉购我头千金……'"的上方注道："项王语本一片，中间别描吕马童数笔，此夹叙法"；看了此注，便知项王"吾闻汉购我头千金……"的语与"若非吾故人乎"的话原是经接的，知道经接，项王当时的心情声态更觉如在目前；又可以进而推求，为什么要把吕马童向王翳说的话插在中间？推求的结果，便知道移到后面去就安排不好，惟有插在中间，才表现出当时的生动的场面。这一类注都有用处，都该细看。

又一类是说明文章的作用。如《项羽本纪》，于"诸项氏枝属，汉王皆不诛，乃封项伯为射阳侯"下注道："合叙中见轻重法"；读者便知特提项伯，其作用在显示他是有恩于汉王的人，下文"桃侯、平皋侯、武侯"三人都无甚关系，所以只以"皆项氏，赐姓刘氏"了之。又如《高祖本纪》，于"吕公大惊，起迎之门。吕公者，好相人"下注道："史公每用夹注法，最奇妙"，于下文"见祖状貌，因重敬之，引入坐"下又注道："接上'迎之门'句"，读者便知"吕公者，好相人"的作用是插注，"引入坐"的作用是回接。又如《阿渠书》，于"随山浚川，任士作贡，通丸道，陂九泽，度九山，然河菑衍溢，害中国也尤甚"下注道："忽宕一笔，是史公文至此方从洪水独抽出河来，以下皆言治河"；读者便知"然河菑衍溢，害中国也尤甚"的作用从广泛的洪水转到单独的河害。这一类注也有用处，由此可以养成仔细阅读的习惯。

又一类是阐说文章的旨趣。如《项羽本纪》，于"梁父即楚将项燕，为秦将王翦所戮者也。项氏世世为楚将"的上方注道："提出项燕王翦，以著秦项世仇，提出世为楚将，以著霸楚缘起"。又如同篇，于"项王渡淮，骑能属者百余人耳"的上方注道："以下皆子长极意摹神之笔，非他传可比"。又如《高祖本纪》，所于选第一段的上方注道："汉室定鼎，诛伐大事，皆详于诸功臣世家列传中，及《高祖本纪》，则多载其细微时事及他神异符验，所以其文繁而不杀，灵而不滞；叹后世撰实录者不敢复用此格，而因以竟可无传之文也"。又如《六国表序》，于"独有秦记"至"比与耳吃无异，悲夫"的上方注道："此段是正叙采秦记以著《六国年表》本意；然秦记卑陋，为世儒聚道，下段故特举'耳食'之弊，以见秦记之不可尽废也；文义始终照应，一丝不走。以上四例，从第一例，可知叙述项燕为王翦所戮和项氏世世为楚将，并非闲笔墨，从第二例，可以唤起阅读时的注意，于项王战败自刭一大段，细辨其"极意摹神"之处；从第三例，可知《高祖本纪》内容的大概，以及其何以略于"诛伐大事"；从第四例，可知《六国表序》以"太史公读秦记"开头，以下各国与秦并论，而侧重于秦，皆所以说明"因秦记"作表的旨趣。这一类注都于读者有帮助。

又一类是指出描写的妙笔。如《项羽本纪》，于"项伯……欲呼张良与俱去，曰：'毋从俱死也'"下注道："十余字耳，叙得情事俱尽，性情态色俱现，千古奇笔"；于"张良曰：'谁为大王为此计者'"下又注道："从容得妙"；于"（沛公）曰：'鲰生说我曰'"下又注道："急中骂语，皆极传神"；于"良曰：'料大王士卒，足以当项王乎'"下又注道："偏从容"；于"沛公默然曰：'固不如也，且为之奈何'"下又注道："又倔强，又急遽，传神之笔"；于"张良曰：'请往谓项伯，言沛公不敢背项王也！'"下又注道："到底从容，音节琅琅可听，只如此妙"；于这段文字的上方又注道："以一笔夹写两人，一则窘迫绝人，一则从容自如，性情须眉，跃跃纸上史公独绝之文，左国中无有此文字"。沛公与张良计议是史实，但这些注语并不论史实而论文章：从文章看，沛公的窘迫和张良的从容都表现了出来，而注语把表现了出来之处给点醒了。又如《高祖本纪》，于"吕后与两子居田中耨，有一老父过，请饮，吕后因哺之"下注道："看他连叙两个相人，无一笔犯复，古人不可及在此"，一个相人是吕公相高祖，一个相人是老父相吕后，孝惠和鲁元；于"相鲁元亦皆贵"下又注道："相人凡换四样笔，乃至一字不相袭，与城北徐公又大不同"。所谓四样笔，一是吕公相高祖，明说"臣少好相人，相人多矣，无如季相"，二是老父相吕后，赞称"夫人天下贵人"，三是老父相孝惠，说明"夫人所以贵者，乃此男也。"四是老父相鲁元，不复记其言语，只叙道："相鲁元亦皆贵。"这也是论文章，记叙同样的事实，而文章能变化，确然值得玩味。后一注中所称"城北徐公语"，指《战国策·齐策》"邹忌修八尺有余"一篇中的问答语而言。邹忌问其妻"我孰与城北徐公美？"妻答道。"君美甚，徐公何能及君也！"又问其妾"吾孰与徐公美？"妾答道："徐公何能及君也！"又问其客"吾与徐公孰美？"答客道："徐公不若君之美也。"每次问答语都不相同，向来认为文章能变化的好例；但与《高祖本纪》写相人的这一节对比，便觉得《战国策》问答语的变化仅在字句之间了。又如《项羽本纪》"项王范增……乃阴谋曰：'巴蜀道险，秦之迁人皆居蜀'，乃曰'巴蜀亦关中地也'。故立沛公为汉王，王巴蜀汉中一节，于"巴蜀亦关中地也"下注道。"'乃阴谋曰'，'乃曰'，一阴一阳，连缀而下，真绘形绘声乎"；经这一点明，便知这两语一表私下的计议，一表公开的宣布，虽是简单的叙述，也具有描写的作用。又如《陈涉世家》，于"旦日，卒中往往语，皆指目陈胜"下注道："画出情景"；经这一点明，便觉"指目陈胜"四字写出一个繁复而生动的场面，读者各自可以想象得之。又如《信陵君列传》，于"当是时，魏将相宾客满堂，待公子举酒，市人皆观公子执辔，从骑皆窃骂侯生"下注道："方写市中公子侯生，忽从家内插一笔，从骑插一笔，市人插一笔，神妙之笔，当面飞来，又凭空抹掉"；经这一点明，便觉几语看似突兀，而实则极入情理，以见所有人都惊怪于公子的谦恭和侯生的骄蹇，于是"侯生视公子，色终不变"两语接上去，才格外的有力——因为看似突兀，所以说"当面飞来"，因为下文仍归到市中公子侯生，所以说"又凭空抹掉"。这一类注都足以启发读者，语句简短，有时又不免抽象一点，但读者据此推想开来，往往可以体会到描写的佳处。

以上所举几类的注，都是关于文章的。现在再说关于事迹的。这又可以分为几类。一类是批评事迹，与文章全无关系；但其语精警，于读者知人论世颇有帮助。《项羽本纪》，于樊哙带剑拥盾入项王军门一节的上方批道："樊哙谏还军霸上，及定天下后排闼问疾数语，俱有大臣作用，此段忠诚勇决，亦岂等闲可同；论世者宜分别观之。"编者恐读者但认樊哙为粗豪武夫，所以批注这一条，唤起读者的注意。沛公攻进了咸阳，艳羡秦宫的富有，意欲就此住下来；樊哙劝他还军霸上，他不听；张良说樊哙的话是忠言，他才听了：事见《留侯世家》（此书《留侯世家》没有选录这一节）。高祖在禁中卧病，不让群臣进见；樊哙排闼直入，一班大臣也就跟了进去，却见高祖枕着一个宦者躺在那里：哙等于是流涕进谏，有"陛下病甚，大臣震恐，不见臣等计事，顾独与一宦者绝乎！且陛下独不见赵高之事乎"的话：事见《樊哙滕灌列传》（此书没有选录下《樊哙滕灌列传》）。读者若细味本篇樊哙对项王说一番话,再兼看那两篇对于樊哙这个人物,印象自当不同。又如《廉颇蔺相如列传》,于相如送璧先归,庭斥秦王一节的上方批道:"人臣谋国,只是致身二字看得明白,即智勇皆从此生,而天下无难处之事矣。蔺相如'完璧归赵'一语,当奉使时,以自璧完而身碎,璧归赵而身不与之俱归矣。此时只身庭见,若有丝毫冀倖之情,即一字说不出。看其侃侃数言,有伦有脊,故知其明于致身之义者也。"这里提出"致身"二字,解释相如智勇的由来,很有见地。又如《淮阴侯列传》,于诸将问韩信致胜之术,韩信答以"置之死地"一节的上方批道。"岳忠武论兵曰:'运用之妙,存乎一心。'夫心之精微,口不能言也,况于书乎。汉王尝以十万之兵,夹睢水阵,为楚所蹙,睢水为之不流;此与"置之死地"者何异,而败衄至此。使泥韩信之言,其不至颠蹶舆尸,载胥及溺者几何矣。此总难为死守训诂者言也。"这一段以韩信背水阵与汉王夹睢水阵并论,两回战役情形相似,而一胜一败,可见致胜的因素决不止一个;韩信据兵法说由于"置之死地"这不过许多因素中的一个而已;因此归结到韩信的话不可泥,自是颇为通达的议论。又如《李将军列传》,于文帝说李广"惜乎子不遇时,如令子当高帝时,万户侯岂足道哉"的上方批道:"文帝'惜乎子不遇时'之言,非谓高帝时尚武而今偃武修文也。文帝时匈奴无岁不扰,岂得不倚重名将?帝意正以广才气跅弛,大有黥彭樊灌之风;当肇造区宇之时,大者王,小者侯,取之如探策矣。今天下已定,然勒兵陷阵,要必束之于薄书文法之中;鳃鳃纪律,良非广之所堪也,故叹惜之。此实文帝有鉴别人才处;广之一生数奇,早为所决矣。"这一段发明文帝语意和李广所以一生数奇,都很精辟。

又一类也是批评事迹,也与文章全无关系,且所评只是编者一时的兴会,说不上知人论世:这一类评注于读者无其益处,竟可不看,即使顺便看了,也无须加以仔细研求。如《项羽本纪》,于项羽拔剑斩会稽守头下批:"如此起局,自然只成群雄事业。"这似乎说项羽不能取天下,成帝业,乃由于他起局的不正,未免把历史大事看得太简单太机械了。于项王以马赐乌江亭长下批道:"以马与长者,好处分"。于项王对吕马童说"若非吾故人乎"下又批道:"寻一自刭好题目"。于项王"乃自刭而死"下又批道:"以身与故人,又好处分"。这些都是在小节目上说巧话,颇像从前人批评小说的格调,对于读者实在没有什么启发。又如《绛侯周勃世家》,于文帝劳军细柳,"军士吏被甲锐兵刃彀弓弩持满"下批道:"作临阵之态,岂非著意妆点,见才于人主乎?"于"天子先驱至,不得入"下又批道:"若先驱得入,则不能令天子亲见军容矣,其理可知。"于"都尉曰:'将军令曰'"下又批道:"极意作态"。于"于是上乃使持节诏将军"下又批道:"此亦天子之诏也,天子未至则不受,至则受之,为其整肃之已见也,倨甚"。于"壁门士吏谓从属车骑"曰:"将军约,军中不得驱驰"下又批道:"乃至以约束吏者约束天子,倨甚"。于"将军亚夫持兵揖曰"下又批道:"倨甚"。于这一节文字的上方又批道:"细柳劳军,千古美谈。全谓亚夫之巧于自著其能,以邀主眷耳;行军之要,固不在此也。何者?当时遣三军出屯备胡,既非临阵之时,则执兵介胄,传呼辟门,一何过倨。况军屯首重侦探,岂有天子劳军已历两塞,而亚夫尚未知之理?乃至先驱既至,犹闭壁门,都尉申辞,令天子亦遵军令,不亦甚乎!然其持重之体迥异他军,则锥处囊中,脱颖而出,亚夫之谋亦工矣。顾非文帝之贤,安能相赏于形迹之外哉"？这些评语以为亚夫有意做作，好像他预知文帝能够赏识他那一套似的；未免是存心挑剔。从前有一部分翻案的史论就属于这一类，都无关于史实的认识。

又一类是批评事迹，却与文章的了解或欣赏有关。这一类大致可看，看了之后，于事迹，于文章，都可有进一步的体会。如《项羽本纪》，于"籍曰：'彼可取而代也'"下批道："蛮得妙，与高祖语互看，两人大局已定于此；《高祖本纪》，于"观秦皇帝，喟然太息曰：'嗟乎！大丈夫当如此也'"下批道："与项羽语参看"。"两人大局已定于此"的话虽浮游无根，但把两语参看，确可见刘项微时，正具一般的雄心；而两语一表粗豪，一表阔大，也可从比较中见出。又如《项羽本纪》，于项王困于垓下，自为诗歌下批道："英雄气短，儿女情深，千古有心人莫不下涕"；《留侯世家》，于高祖欲立戚夫人子为太子，因张良计阻，不得如愿，"戚夫人泣，上曰：'为我楚舞，吾为若楚歌'"下批道："项羽垓下事情，高祖此时却类之，英雄儿女之情，何必以成败异也，读之凄绝。"两事很相类，若取这两节文章对看，体会其文情，更吟味两人所为诗歌的感慨意绪，自比单看一节有趣得多。又如《魏其武安侯列传》，于篇首的上方批道："叙魏其事，须看其段段与武安针锋相对，豫为占地步处"；又道："田蚡藉太后之势以得侯，魏其诎太后之私以去位，此一异也；田蚡贵幸，镇抚多宾客之谋，魏其赐环，投身赴国家之难，此二异也；田蚡居承相之位，不肯诎于其兄，魏其受大将之权，必先进乎其友，此三异也；田蚡之狗马玩好，遍徵郡国而未厌其心，魏其之赐金千斤，尽陈廊庑而不私于己，此四异也；魏其以强谏谢病，宾客语之莫来，田蚡以怙势见疏，人主麾之不去，此五异也。凡此之类，皆史公著意推毂魏其，以深致痛惜之情;而田蚡之不值一钱,亦俱于反照处见之矣。"这些评语把两人事迹扼要提示,同时指出作者的文心,使读者看下去,头绪很清楚,并能领会于叙述中见褒贬的笔法。但这一类中也有不足取的。如《留侯世家》,于"子房始所见下邳圯上父老与太公书者,后十三年,从高帝过济北,果见穀城山下黄石,取而葆祠之"的"子房始所见下邳圯上父老与太公书者"下批道:"好结穴,诸传所无"。他人并没有老人授书事,他人传中当然不会有此结笔;这不过是补叙余事,回应前文而已,定要说是"诸传所无"的"好结穴",未免求之过深。又如《张仪列传》,于苏秦使舍人阴奉张仪,让他得见秦惠王,既已达到目的,舍人辞去,张仪留他,舍人说:"臣非知君,知君乃苏君;苏君忧秦伐赵败从约,以为非君莫能得秦柄,故感怒君"下批道:"此数语恐当日未必明明说出,若说出一毫无味矣;史公未检之笔也,不可不晓。"因其明说无味,便认为"未检之笔",这纯把作史看成作小说了。并且,不叙舍人说"苏君忧秦伐赵败从约",下文张仪"吾又新用,安能谋赵乎"的话又怎样能着拍? 所以这个评语乃是不中节的吹求。

此书所选《史记》文字,其中二十四篇的篇末,有编者的评论,都就全篇而言。体例也不一律,或仅论事论人,或在论事论人之外兼论文章理法,或仅发对表于本篇的感想,现在各举一例。《商君列传》篇末评道:

"商君变法一事,乃三代以下一大关键。由斯以后,先王之流风余韵遂荡然一无可考;其罪固不可胜诛。然设身处地,以一羁旅之臣,岸然排父兄百官之议,任众怨,兼众劳,以卒成其破荒特创之功,非绝世之异才,不能为也。故吾以为古今言变法者数人:卫鞅,才子也,介甫,学究也,赵武灵王,雄主也,魏孝文帝,明辟也,其所见不同,而有定力则一。惟学究之害最深,以其执古方以杀人,而不知通其理也。"

这一说商鞅废古,罪不可胜诛,王介甫行新法,是执古方以杀人,都是从前读书人的传统见解,无甚意思。但说商鞅变法是三代以下一大关键,却有识见。秦变法之后,立了许多新制度,后来传给汉,于是秦汉的局面与三代大不相同:岂不是一大关键?《秦楚之际月表序》篇末评道:

"题曰'秦楚之际',试问二世既亡,汉国未建,此时号令所出,非项羽而谁? 又当山东蜂起,六国复立,武信初兴,沛公未兆,此时号令所出,非陈胜而谁? 故不可言'秦',不可言'楚',谓之'际'者,凡以陈项两雄也。表为两雄而作,却以记本朝创业之由,故首以三家并起,而言下轩轾自明,次引古反击一段,然后收归本朝,作赞叹不尽之语以结之。布局之工,未易测也。"

这一段前半据史实发明立题的旨趣,后半就文章阐说全局的布置,都很精当,于读者颇有帮助。又如《信陵君列传》篇末评道:

"不知文者尝谓无奇功伟烈,便不足垂之青简,照耀千秋。岂知文学予夺,都不关实事。此传以存赵起,抑秦终;然窃符救赵,本未交兵,即逐秦至关,亦只数言带叙,其余摹情写景,按之无一端实事。乃千载读之,无不神情飞舞,推为绝世伟人。文章有神,夫岂细故哉!"

这一段点明《信陵君列传》所以使人赞赏不已,不在信陵君的事功,而在文章描写的精妙,确是见到之言。

关于此书的评注,前面已经谈的很多。读者若能依据前面所分类目,逐一比附,取其精要的,特别加以体会,略其肤泛的,不再多费思索；便是善于利用此书了。当然，在编者的评注以外，读者自己若能有深入的心得，那是尤其可贵的。

　　注：本篇前半谈"史记"的部分，有许多意见是从朱东润先生的《史记讲录》(武汉大学讲义)和《传叙文学与史传之别》(《星期言论》第三十一期)采来的：不敢掠美，特此声明。

《唐诗三百首》读法指导大概

　　有些人在生病的时候或烦恼的时候，拿过一本诗来翻读，偶尔也朗吟几首，便会觉得心上平静些，轻松些。这是一种消遣，但跟玩骨牌或纸牌等等不同，那些大概只是碰碰运气；跟读笔记一类书也不同，那些书可以给人新的知识和趣味，但不直接调平情感。读小说在这些时候大概只注意在故事上，直接调平情感的效用也不如诗。诗是抒情的，直接诉诸情感，又是节奏的，同时直接诉诸感觉，又是最经济的，语短而意长。具备这些条件，读了心上容易平静轻松，也是当然。自来说，诗可以陶冶性情，这句话不错。

　　但是诗决不只是一种消遣，正如笔记一类书和小说等不是的一样。诗调平情感，也就是节制情感。诗里的喜怒哀乐跟现实生活里的喜怒哀乐不同，这是经过"再团再炼再调和"的。诗人正在喜怒哀乐的时候，决想不到作诗。必得等到他的情感平静了，他才会吟味那平静了的情感想到作诗，于是乎运思造句，作成他的诗，这才可以供欣赏。要不然，大笑狂号只教人心紧，有什么可欣赏的呢？读诗所欣赏的便是诗里所表现的那些平静了的情感。假如是好诗，说的即使怎样可气可哀，我们还是不厌百回读的。在现实生活里便不然，可气可哀的事我们大概不愿重提。这似乎是有私无私或有我无我的分别，诗里无我，现实生活里有我。别的文学类型也都有这种情形，不过诗里更容易见出。读诗的人直接吟味那无我的情感，欣赏它的发而中节，自己也得到平静，而且也会渐渐知道节制自己的情感。一方面因为诗里的情感是无我的，欣赏起来得设身处地，替人着想。这也可以影响到性情上去。节制自己和替人着想这两种影响都可以说是人在模仿诗。诗可以陶冶性情，便是这个意思。所谓温柔敦厚的诗教，也只该是这个意思。

部定初中国文课程标准"目标"里有"养成欣赏文艺之兴趣"一项，略读教材里有"有注释之诗歌选本"一项。高中国文课程标准"目标"里又有"培养学生欣赏中国文学名著之能力"一项，关于略读教材也有"选读整部或选本之名著"的话。欣赏文艺，欣赏中国文学名著，都不能忽略读诗。读诗家专集不如读诗歌选本。读选本虽只能"尝鼎一脔"，却能将各家各派鸟瞰一番；这在中学生是最适宜的，也最需要的。有特殊的选本，有一般的选本。按着特殊的作派选的是前者，按着一般的品位选的是后者。中学生不用说该读后者。《唐诗三百首》正是一般的选本。这部诗选很著名，流行最广，从前是家弦户诵的书，现在也还是相当普遍的书。但这部选本并不成为古典；它跟《古文观止》一样，只是当年的童蒙书，等于现在的小学用书。不过在现在的教育制度下，这部书给高中学生读才合适。无论它从前的地位如何，现在它却是高中学生最合适的一部诗歌选本。唐代是诗的时代，许多大诗家都在这时代出现，各种诗体也都在这时代发展。这部书选在清代中业，入选的差不多都是经过一千多年淘汰的名作,差不多都是历代公认的好诗。虽然以明白易解为主,并限定诗篇的数目,规模不免狭窄些,却因此成为道地的一般的选本,高中学生读这部书,靠着注释的帮忙,可以吟味欣赏,收到陶冶性情的益处。

本书是清乾隆间一位别号"蘅塘退士"的人编选的。卷头有"题辞",末尾记着"时乾隆癸未年春日,蘅塘退士题"。乾隆癸未是公元1763年,到现在快180年了。有一种刻本"题"字下押了一方印章,是"孙洙"两字,也许是选者的姓名。孙洙的事迹,因为眼前书少,还不能考出、印证。这件事只好暂时存疑。题辞说明编选的旨趣,很简短,钞在这里:

> 世俗儿童就学,即授《千家诗》,取其易于成诵,故流传不废。但其诗随手掇拾,工拙莫辨。且止七言律绝二体,而唐宋人又杂出其间。殊乖体制。因专就唐诗中脍炙人口之作择其尤要者,每体得数十首,共三百余首,录成一编,为家塾课本。俾童而习之,白首亦莫能废。较《千家诗》不远胜耶?谚云,"熟读唐诗三百首,不会吟诗也会吟",请以是编验之。

这里可见本书是断代的选本,所选的只是"唐诗中脍炙人口之作",就是唐诗中的名作。而又只"择其尤要者",所以只有三百余首,实数是三百一十首。所谓"尤要者"大概着眼在陶冶性情上。至于以明白易解的为主,是"家塾课本"的当然,无须特别提及。本书是分体编的,所以说"每体得数十首"。引谚语一方面说明为什么只选三百余首。但编者显然同时在模仿"三百篇"。诗经三百零五篇,连那有目无诗的六篇算上,共三百一十一篇;本书三百一十首,决不是偶然巧合。编者是怕人笑他僭妄,所以不将这番意思说出。引谚语另一方面教人熟读,学会吟诗。我们现在也劝高中学生熟读,熟读才真是吟味,才能欣赏到精微处。但现在却无须再学作旧体诗了。

本书流传既广,版本极多。原书有注释和评点,该是出于编者之手。注释只注事,颇简当,但不释义。读诗首先得了解诗句的文义;不能了解文义,欣赏根本说不上。书中各诗虽然比较明白易懂,又有一些注,但在初学还不免困难。书中的评,在诗的行旁,多半指点作法,说明作意,偶然也品评工拙。点只有句圈和连圈,没有读点和密点——密点和连圈都表示好句和关键句,并用的时候,圈的比点的更重点或更好。评点大约起于南宋,向来认为有伤雅道,因为妨碍读者欣赏的自由,而且免不了成见或偏见。但是谨慎的评点对于初学也未尝没有用处。这种评点可以帮助初学了解诗中各句的意旨并培养他们欣赏的能力。本书的评点似乎就有这样的效用。

但是最需要的还是详细的注释。道光间,浙江省建德县人章燮鉴于这个需要,便给本书作注,成《唐诗三百首注疏》一书。他的自跋作于道光甲午,就是公元 1834 年,离蘅塘退士题辞的那年是六十九年。这注本也是"为家塾子弟起见",很详细。有诗人小传,有事注,有义疏,并明作法,引评语,其中李白诗用王琦《李太白集注》,杜甫诗用仇兆鳌《杜诗详注》。原书的评也留着,但连圈没有——原刻本并句圈也没有。书中还增补了一些诗,却没有增选诗家。以注书的体例而论,这部书可以说是驳杂不纯,而且不免繁琐疏漏傅会等毛病。书中有"子墨客卿"(名翰,姓不详)的校正语十来条,那确切可信。但在初学,这却是一部有益的书。这部书我只见过两种刻本。一种是原刻本。另一种是坊刻本,四川常见。这种刻本有句圈,书眉增录各家评语,并附道光丁酉(公元 1837 年)印行的江苏金坛于庆元的《续选唐诗三百首》。读《唐诗三百首》用这个本子最好。此外还有商务印书馆铅印本《唐诗三百首》,根据蘅塘退士的原本而未印评语。又,世界书局石印《新体广注唐诗三百首读本》,每诗后有"注释"和"作法"两项。"注释"注事比原书详细些;兼释字义,却间有误处。"作法"兼说明作意,还得要领。卷首有"学诗浅说",大致简明可看。书中只绝句有连圈,别体只有句圈;绝句连圈处也跟原书不同,似乎是钞印时随手加上,不足凭信。

本书编配各体诗,计五言古诗三十三首,乐府七首,七言古诗二十八首,乐府十四首,五言律诗八十首,七言律诗五十首,乐府一首,五言绝句二十九首,乐府八首,七言绝句五十一首,乐府九首,共三百一十首。五言古诗和乐府,七言古诗和乐府,两项总数差不多。五言律诗的数目超出七言律诗和乐府很多;七言绝句和乐府却又超出五言绝句和乐府很多。这不是编者的偏好,是反映着唐代各体诗发展的情形。五言律诗和七言绝句作得多,可选的也就多。这一层下文还要讨论。五、七、古、律、绝的分别都在形式,乐府是题材和作风不同。乐府也等下文再论,先说五七古律绝的形式。这些又大别为两类:古体诗和近体诗。五七言古诗关于前者,五七言律绝属于后者。所谓形式,包括字数和声调(即节奏),律诗再加对偶一项。五言古诗全篇五言句,七言古诗或全篇七言句,或在七言句当中夹着一些长短句。如李白《庐山谣》开端道:

我本楚狂人，狂歌笑孔丘。手持绿玉杖，朝别黄鹤楼。
五岳寻山不辞远，一生好入名山游。

又如他的《宣州谢脁楼饯别校书叔云》开端道：

弃我去者昨日之日不可留，乱我心者今日之日多烦忧。
长风万里送秋雁，对此可以酣高楼。

这些都是七言古诗。五七古全篇没有一定的句数。古近体诗都得用韵，通常两句一韵，押在双句末字；有时也可以一句一韵，开端时便多如此。上面引的第一例里"丘""楼""游"是韵，两句间见；第二例里"留"和"忧"是逐句韵，"忧"和"楼"是隔句韵。古体诗的声调比较近乎语言之自然，七言更其如此，只以读来顺口听来顺耳为标准。但顺口顺耳跟着训练的不同而有等差，并不是一致的。

近体诗的声调却有一定的规律；五七言绝句还可以用古体诗的声调，律诗老得跟着规律走。规律的基础在字调的平仄，字调就是平上去入四声，上去入都是仄声。五七言律诗基本的平仄式之一如次：

五律

仄仄平平仄　　平平仄仄平　　平平平仄仄　　仄仄仄
平平

仄仄平平仄　　平平仄仄平　　平平平仄仄　　仄仄仄

平平

七律

平平仄仄仄平平　仄仄平平仄仄平

仄仄平平平仄仄　平平仄仄仄平平

平平仄仄平平仄　仄仄平平仄仄平

仄仄平平平仄仄　平平仄仄仄平平

即使不懂平仄的人也能看出律诗是两组重复，均齐的节奏所构成，每组里又自有对称、重复、变化的地方。节奏本是异中有同，同中有异，律诗的平仄式也不外这个理。即使不懂平仄的人只默诵或朗吟这两个平仄式，也会觉得顺口顺耳；但这种顺口顺耳是音乐性的，跟古体诗不同，正和语言跟音乐不同一样。律诗既有平仄式，就只能有八句，五律是四十字，七律是五十六字——排律不限句数，但本书里没有。绝句的平仄式照律诗减半——七绝照七律的前四句——，就是只有一组的节奏。这里所举的平仄式只是最基本的，其中有种种繁复的变化。懂得平仄的自然渐渐便会明白。不懂平仄的，只要多读，熟读，多朗吟，也能欣赏那些声调变化的好处，恰像听戏多的人不懂板眼也能分别唱的好坏，不过不大精确就是了。四声中国人语言中有，但要辨别某字是某声，却得受过训练才成。从前的训练是对对子跟读四声表，都在幼小的时候；现在高中学生不能辨别四声也就是不懂平仄的，大概有十之八九。他们若愿意懂，不妨试读四声表。这只消从康熙字典卷首附载的"等韵切音指南"里选些容易读的四声如"巴把霸捌""庚梗埂更"之类，得闲就练习，也许不难一旦豁然贯通。（中华书局出版的《学诗入门》里有一个四声表，似乎还容易读出，也可用。）律诗还有一项规律，就是中四句得两两对偶，这层也在下文论。

　　初学人读诗，往往给典故难住。他们一回两回不懂，便望而生畏，因畏生懒，这会断了他们到诗去的路，所以需要注释。但典故多半只是历史的比喻和神仙的比喻，用典故跟用比喻往往是一个理，并无深奥可畏之处。不过比喻多取材于眼前的事物，容易了解些罢了。广义的比喻连典故在内，是诗的主要的生命素，诗的含蓄，诗的多义，诗的暗示力，主要的建筑在广义的比喻上。那些取材于经验和常识的比喻——一般所谓比喻只指这些，可以称为事物的比喻，跟历史的比喻，神仙的比喻鼎足而三。这些比喻（广义，后同）都有三个成分：一、喻依，二、喻体，三、意旨。喻依是作比喻的材料，喻体是被比喻的材料，意旨是比喻的用意所在。先从事物的比喻说起。如"天边树若荠"（五古，孟浩然《秋登兰山寄张五》），荠是喻依：天边树是喻体，登山望远树，只如荠菜一般，只见树的小和山的高，是意旨。意旨却没有说出。又，"今朝为此别，何处还相遇？世事波上舟，沿洄安得住！"（五古，韦应物《初发扬子寄元大校书》）世事是喻体，沿洄不得住的波上舟是喻依，惜别难留是意旨——也没有明白说出。又，"吴姬压酒劝客尝"（七古，李白，《金陵酒肆留别》，当垆是喻体，压酒是喻依，压酒的"压"和所谓"压装"的"压"用法一样，压酒是使酒的分量加重，更值得"尽觞"（原诗："欲行不行各尽觞"）。吴姬当垆，助客酒兴是意旨。这里只说出喻依。又，"辞严义密读难晓，字体不类隶与蝌。年深岂免有缺画？快剑斫断生蛟鼍。鸾翔凤翼众仙下，珊瑚碧树交枝柯，金绳铁索锁纽壮，古鼎跃水龙腾梭。"（七古，韩愈《石鼓歌》）"快剑"以下五句都是描写石鼓的字体的。这又分两层。第一，专描写残缺的字。缺画是喻体，"快剑"句是喻依，缺画依然劲挺有生气是意旨。第二，描写字体的一般。字体便是喻体，"鸾翔"以下四句是五个喻依——"古鼎跃水"跟"龙腾梭"各是一个喻依。意旨依次是隽逸，典丽，坚壮，挺拔——末两个喻依只一个意旨，都指字体而言，却都未说出。又，"大弦嘈嘈如急雨，小弦切切如私语：嘈嘈切切错杂弹，大珠小珠落玉盘。间关莺语花底滑，幽咽泉流冰上难"（原作"水下滩"，依段玉裁说改——七古，白居易《琵琶行》）。这几句都描写琵琶的声音。大弦嘈嘈跟小弦切切各是喻体，急雨跟私语各是喻依，意旨一个是高而急，一个是低而急。"嘈嘈"句又是喻体，"大珠"句是喻依，圆润是意旨。"间关"二句各是一个喻依，喻体是琵琶的声音；前者的意旨是明滑，后者是幽涩。头两层的意旨未说出，这一层喻体跟意旨都未说出。事物的比喻虽然取材于经验和常识，却得新鲜，才能增强情感的力量，这需要创造的工夫。新鲜还得入情入理，才能让读者消化，这需要雅正的品位。

有时全诗是一套事物的比喻，或者一套事物的比喻渗透在全诗里。前者如朱庆余《近试上张水部》：

> 洞房昨夜停红烛，待晓堂前拜舅姑。
> 妆罢低声问夫婿，"画眉深浅入时无？"（七绝）

唐代士子应试，先将所作的诗文呈给在朝的知名人看。若得他赞许宣扬，登科便不难。宋人诗话里说，"庆余遇水部郎中张籍，因索庆余新旧篇什，寄之怀袖而推赞之，遂登科"。这首诗大概就是呈献诗文时作的。全诗是新嫁娘的话，她在拜舅姑以前问夫婿,画眉深浅合式否? 这是喻依。喻体是近试献诗文给人,朱庆余是在应试以前问张籍,所作诗文合式否? 新嫁娘问画眉深浅,为的请夫婿指点,好让舅姑看得入眼。朱庆余问诗文合式与合,为的请张籍指点,好让考官看得入眼。这是全诗的主旨。又,骆宾王《在狱咏蝉》:

> 西陆蝉声唱,南冠客思深;
> 不堪玄鬓影,来对白头吟。
> 露重飞难进,风多响易沈;
> 无人信高洁,谁为表予心!(五律)

这是闻蝉声而感身世。蝉的头是黑的,是喻体,玄鬓影是喻依,意旨是少年时不堪回首。"露重"一联是蝉,是喻依,喻体是自己,身微言轻是意旨。诗有长序,序尾道"庶情沿物应,哀弱羽之飘零,道寄人知,悯余声之寂寞",正指出这层意旨。"高洁"是蝉,也是人是自己,这个词是双关的,多义的。又;杜甫《古柏行》(七古)咏夔州武侯庙和成都武侯祠的古柏,作意从"君臣已与时际会,树木犹为人爱惜"二语见出。篇末道:

> 大厦如倾要梁栋,万牛回首丘山重;
> 不露文章世已惊,未辞翦伐谁能送?
> 苦心岂免容蝼蚁? 香叶终经宿鸾凤。
> 志士幽人莫怨嗟,古来材大难为用。

大厦倾和梁栋虽已成为典故,但原是事物的比喻。两者都是喻依。前者的喻体是国家乱；大厦倾会压死人，国家乱人民受难，这是意旨。后者的喻体是大臣，梁栋支柱大厦，大臣支持国家，这是意旨。古柏是栋梁材，虽然"不露文章世已惊"，也乐意供世用，但是太重了，太大了，谁能送去供用呢？无从供用，渐渐心空了，蚂蚁爬进去了；但是"香叶终经宿鸾凤"，它的身份还是高的。这是喻依。喻体是怀才不遇的志士幽人。志士幽人本有用世之心，但是才太大了，无人真知灼见，推荐入朝。于是贫贱衰老，为世人所揶揄，但是他们的身份还是高的。这是才大难为用，是意旨。

典故只是故事的意思。这所谓故事包罗的却很广大。经史子集等等可以说都是的；不过诗文里引用，总以常见的和易知的为主。典故有一部分原是事物的比喻，有一部分是事迹，另一部分是成辞。上文说典故是历史的比喻和神仙的比喻，是专从诗文的一般读者着眼，他们觉得诗文里引用史事和神话或神仙故事的地方最困难。这两类比喻都应该包括着那三部分。如前节所引《古柏行》里的"大厦如倾要梁栋"，"大厦之倾，非一木所支"，见文中子，"桔柏豫章虽小，已有栋梁之器"，是袁粲叹美王俭的话，见《晋书》。大厦倾和梁栋都是历史的比喻，同时可还是事物的比喻。又，"乾坤日夜浮"（五律杜甫《登岳阳楼》）是用《水经注》。《水经注》道，"洞庭湖广五百里，日月若出没其中"。乾坤是喻体，日夜浮是喻依。天地中间好像只有此湖；湖盖地，天盖湖，天地好像只是日夜飘浮在湖里。洞庭湖的广大是意旨。又，"古调虽自爱，今人多不弹"（五绝，刘长卿，《弹琴》），周魏文侯听古乐就要睡觉的话，见《礼记》。两句是喻依，世人不好古是喻体，自己不合时宜是意旨。这三例不必知道出处便能明白；但知道出处，句便多义，诗味更厚些。

引用事迹和成辞不然，得知道出处，才能了解正确。如"圣代无隐者，英灵尽来归。遂令东山客，不得顾采薇。"（五古，王维《送綦母潜落第还乡》）谢安曾隐居会稽东山。东山客是喻依，喻体是綦母潜，意旨是大才隐处。采薇是伯夷叔齐的故事，他们义不食周粟，隐于首阳山，采薇而食。采薇是喻依，隐居是喻体，自甘淡泊是意旨。又，"客心洗流水"（五律，李白，《听蜀僧濬弹琴》），流水用俞伯牙钟子期的故事。俞伯牙弹琴志在流水。钟子期就听出了，道，"洋洋乎，若江河！"诗句是倒装，原是说流水洗客心。流水是喻依，喻体是蜀僧濬的琴曲，意旨是曲调高妙。洗流水又是双关的，多义的。洗是喻依，净是喻体，高妙的琴曲涤浮客心的俗虑是意旨。洗流水又是喻依，喻体是客心；听琴而客心清净，像流水洗过一般，是意旨。又，钱起《送僧归日本》（五律）道："……浮天沧海远，去世法舟轻。……惟怜一灯影，万里眼中明。"一灯影用《维摩经》。经里道："有法门，名无尽灯。譬如一灯燃百千灯，冥者皆明，明终不尽。夫一菩萨开导千百众生，今发阿耨多罗三藐三菩提心（译言'无上正等正觉心'），其于道意亦不灭尽。是名无尽灯。"这儿一灯是喻依，喻体是觉者；一灯燃千百灯，一觉者造成千百觉者，道意不灭是意旨。但在诗句里，一灯影却指舟中禅灯的光影，是喻依，喻体是那日本僧，意旨是他回国传法，辗转无尽。"惟怜"是"最爱"的意思。又，"后来鞍马何逡巡，当先下马入锦茵。杨花雪落覆白蘋，青鸟飞去衔红巾。炙手可热势绝伦，慎莫近前丞相嗔！"（七古，乐府，杜甫《丽人行》），全诗咏三月三日长安水边游乐的情形，以杨国忠兄妹为主。诗中上文说到虢国夫人和秦国夫人，这几句说到杨国忠——他那时是丞相。"杨花"二语正是暮春水边的景物。但是全诗里只在这儿插入两句景语，奇特的安排暗示别有用意。北魏胡太后私通杨华作《杨白花歌辞》，有"杨花飘荡入南家""愿衔杨花入窠里"等语。白蘋，旧说是杨花入水所化。杨国忠也和虢国夫人私通。"杨花"句一方面是喻依，喻体便是这件事实。杨国忠兄妹相通，都是杨家人，所以用杨花覆白蘋为喻，暗示讥刺的意旨。三青鸟是西王母传书带信的侍者。当时总该有些侍婢是给那兄妹二人居间。"青鸟"句一方面也是喻依，喻体便是这些居间的侍婢，意旨还是讥刺杨国忠不知耻。青鸟是神仙的比喻。这两句隐约其辞，虽志在讥刺，而言之者无罪。又杜甫《登楼》（七律）：

花近高楼伤客心，万方多难此登临。
锦江春色来天地，玉垒浮云变古今。
北极朝廷终不改，西山盗寇莫相侵。
可怜后主还祠庙，日暮聊为《梁父吟》。

旧注说本诗是代宗广德二年在成都作。元年冬，吐蕃陷京师，郭子仪收复京师，请代宗反正。所以有"北极"二句。本篇组织用赋体，以四方为骨干。锦江在东，玉垒山在西，"北极"二字是北眺所思。当时后主附祀先主庙中，先主庙在成都城南。"可怜"二句正是南瞻所感。（罗庸先生说见《国文月刊》九期）。可怜后主还有祠庙，受祭享；他信任宦官，终于亡国，辜负了诸葛亮出山一番。《三国志》里说"亮躬耕陇亩，好为梁父吟"，《梁父吟》的原辞不传（流传的《梁父吟》决不是诸葛亮的《梁父吟》），大概慨叹小人当道。这二语一方面又是喻依，喻体是代宗和郭子仪；代宗也相信宦官，杜甫希望他"亲贤臣，远小人"（诸葛亮《出师表》中语）。这是意旨。"日暮"句又是一喻依，喻体是杜甫自己；想用世是意旨。又"今朝郡斋冷，忽念山中客。洞底束荆薪，归来煮白石"（五古，韦应物，《寄全椒山中道士》，煮白石用鲍靓事。《晋书》："靓学兼内外，明天文河洛书。尝入海，过风，饥甚，取白石煮食之。"煮白石是喻依，喻体是那山中道士，他的清苦生涯是意旨。这也是神仙的比喻。又，"总为浮云能蔽日，长安不见使人愁"（七律，李白，《登金陵凤凰台》），两句一贯，思君的意思似甚明白。但乐府《古杨柳行》道："谗邪害公正，浮云冷白日"，古句也道，"浮云蔽白日，游子不顾及"，本诗显然在引用成辞。陆贾新语说，"邪官之蔽贤，犹浮云之鄣日月"。本诗的"浮云能蔽日"一方面也是喻依，喻体大概是杨国忠等遮塞贤路。意旨是邪臣蔽君误国；所以有"长安句"历史的比喻和神仙的比喻引用故事，得增减变化，才能新鲜人目。宋人所谓"以旧为新"，便是这意思。所引各例可见。

典故渗透全诗的，如孟浩然《临洞庭上张丞相》（五律）：

> 八月湖水平，涵虚混太清。
>
> 气蒸云梦泽，波撼岳阳城。
>
> 欲济无舟楫，端居耻圣明。
>
> 坐观垂钓者，徒有羡鱼情。

张丞相是张九龄，那时在荆州。前四语描写洞庭湖，三四是名句。后四语蝉联而下，还是就湖说，只"端居"句露出本意，这一语便是论语"邦有道，贫且贱焉，耻也"的意思。"欲济"句一方面说想渡湖上荆州去，却没有船，一方面是喻依。伪古文尚书"说命"段高宗命傅说道，若济巨川，"用汝作舟楫"。本诗用这喻依，喻体却是欲用世而无引进的人，意旨是希望张丞相援手。"坐观"二语是一喻依。《汉书》用古人言，"临渊羡鱼，不如退而结网"。本诗里网变为钓。这一联的喻体是羡人出仕而得行道。自己无钓具，只好羡人家钓得的鱼，自己不得仕，只好羡人家行道。意旨同上。

全诗用典故最多的，本书中推杜甫《寄韩谏议》一首（七古）：

今我不乐思岳阳，身欲奋飞病在床。
美人娟娟隔秋水，濯足洞庭望八荒。
鸿飞冥冥日月白，青枫叶赤天雨霜。
玉京群帝集北斗，或骑麒麟翳凤凰。
芙蓉旌旗烟雾落，影动倒景摇潇湘。
星宫之君醉琼浆，羽人稀少不在旁。
似闻昨者赤松子，恐是汉代韩张良。
昔随刘氏定长安，帷幄未改神惨伤。
国家成败吾岂敢，色难腥腐餐枫香。
周南留滞古所惜，南极老人应寿昌。
美人胡为隔秋水！焉得置之贡玉堂！

韩谏议的名字事迹无考。从诗里看，他是楚人，住在岳阳。肃宗平定安史之乱，收复东西京，他大约也是参与机密的一人。后来去官归隐，修道学仙。这首诗是爱惜他，思念他。第一节说思念他，是秋日，自己是在病中。美人这喻依见《楚辞》，但在这儿喻体是韩谏议，意旨是他的才能出众。"鸿飞冥冥，弋人何篡焉！"见扬雄法言。这儿一方面描写秋天的实景一方面是喻依；喻体还是韩谏议，意旨是他已逃出世网。第二节说京师贵官声势煊赫，而韩谏议不在朝。本节差不多全是神仙的比喻，各有来历。"玉京"句一喻依，喻体是集于君侧的朝廷贵官，意旨是他们承君命掌大权"或骑"二语一套喻依——"烟雾落"就是落在烟雾中！喻体同上句，意旨是他们的骑从仪卫之盛。影是芙蓉旌旗的影。"影动"句一喻依，喻体是声势煊赫，从京师传遍天下；意旨是潇湘的韩谏议也必闻知这种声势。星宫之君就是玉京群帝，醉琼浆的喻体是宴饮，意旨是徵逐酒食。羽人是飞仙，羽人稀少就是稀少的羽人，全句一喻依，喻体是一些远引的臣僚不在这繁华场中，意旨是韩谏议没有分享到这种声势。第三节说韩谏议曾参与定乱收京大计，如今却不问国事，修道学仙。全节是神仙的比喻夹着历史的比喻。昨者是从前的意思。如今的赤松子，昨者"恐是汉代韩张良"。韩张良跟赤松子的喻体都是韩谏议，前者的意旨是他有谋略，后者的意旨是他修道学仙。别的喻依可以准此类推下去。第四节说他闲居不出很可惜，祝他老寿，希望朝廷再起用他来匡君济世。太史公司马谈因病留滞周南，不得参与汉武帝的封禅大典，引为生平恨事。诗中"周南留滞"是喻依，喻体是韩谏议，意旨是他闲居乡里。南极老人就是寿星，是喻依，喻体同，意旨便是"应寿昌"。以上只阐明大端，细节从略。

诗和文的分别，一部分是在词句篇段的组织上，诗的组织比文的组织要经济些。引用比喻或典故，一个原因便是求得经济的组织。在旧体诗里,有字数声调对偶等限制,有时更不得不铸造一些特别经济的组织来适应。这种特殊的组织在文里往往没有,至少不常见。初学遇到这种地方也感困难,或误解,或竟不懂。这得去看详细的注释。但读诗多了,常常比较着看,也可明白。这种特殊的组织也常利用比喻或典故组成,那便更复杂些。如刘长卿《送李申丞归汉阳别业》(五律):

> 流落征南将,曾驱十万师。
> 罢归无旧业,老去恋明时。
> 独立三边静,轻生一剑知。
> 茫茫江汉上,日暮欲何之!

"轻生一剑知"就是一剑知轻生的意思;轻生是说李中丞作征南将时不顾性命杀敌人。一剑知就是自己知剑是杀敌所用,是自己的一部分,部分代全体是修辞格之一。自己知又有两层用意:一是问心无愧,忠可报君,二是只有自己知,别人不知。上下文都可认证。又,"即此羡闲逸,怅然吟式微"(五古,王维《渭川田家》),式微用《诗经》。"式微"篇道:"式微,式微,胡不归!"本诗的式微是篇名,指的是这篇词。吟式微又是取"胡不归"那一语,用意是"何不归田呢"。又,"惟将迟暮供多病,未有涓埃答圣朝"(七律,杜甫《野望》),"恐美人之迟暮"见楚辞,迟暮是老大无成的意思。"惟将"句是说自己已老大,不曾有所建树报答圣朝,加上迟暮的年光又都销磨在多病里,虽然"海内风尘",(见本诗第三句)却丝毫的力量也不能尽。"供"是喻依,杜甫自己是喻体,销磨在里面是意旨。这三例都是用辞格(也是一种比喻)或典故组成的。又如李颀《送陈章甫》（七古）末尾道，"闻道故林相识多，罢官昨日今如何？"昨日罢官，想到就要别了许多朋友归里，自然不免一番寂寞：但是"闻道故林相识多"，今日临行，想到就要会见着那些故林相识的朋友，又觉如何呢？——该不会寂寞了罢？昨今对照，用意是安慰。——昨日是日前的意思。又刘长卿《寻南溪常道上》。

> 一路经行处，莓苔见屐痕。
> 白云依静渚，芳草闭闲门。
> 过雨看松色，随山到水源。
> 溪花与禅意，相对亦忘言。

去寻常道士，他不在寓处；"随山到水源"才寻着。对着南溪边的花和常道士的禅意，却不觉忘言。相对是和"溪花与禅意"相对着。禅意给人妙悟，溪花也给人妙悟——禅家有拈花微笑的故事，那正是妙悟的故事——，所以说"与"。妙悟是忘言的。寻着了常道士，却被溪花与禅意吸引住！只顾欣赏那无言之美，不想多交谈，所以说"亦"忘言。又，韦应物《送杨氏女》（五古），是送女儿嫁杨家，前面道："女子今有行，大江泝轻舟。尔辈苦无恃，抚念益慈柔。幼为长所育，两别泣不休。"篇尾道："归来视幼女，零泪缘缨流。"全诗不曾说出杨氏女是长女，但读了这几句关系自然明白。

倒装这特殊的组织，诗里也常见。如"竹喧归浣女，莲动下渔舟"（五律，王维《山居秋暝》），"归浣女""下渔舟"就是浣女归，渔舟下。又，"家书到隔年"（五律，杜牧《旅宿》）就是家书隔年到。又，"东门酤酒饮我曹"（七古，李颀，《送陈章甫》），"饮我曹"就是我曹饮，从上下文可知。又，"名岂文章著，官应老病休"（五律，杜甫《旅夜书怀》），就是文章岂著名，老病应休官。又，"幽映每白日"（五律，刘脊虚《阙题》）就是白日每幽映。又，"徒劳恨费声"（五律，李商隐《蝉》），就是费声恨徒劳。又，"竹怜新雨后，山爱夕阳时"（五律，钱起《谷口书斋寄杨补阙》）就是怜新雨后之竹，爱夕阳时之山——怜爱同意。又，"独夜忆秦关，听钟未眠客"（五古，韦应物，《夕次盱眙县》）就是听钟未眠客独夜忆秦关。这些倒装句里纯然为了适应字数声调对偶等制限的却没有，它们主要的作用还在增强语气。此外如"何因不归去，淮上对秋山？"（五律，韦应物《淮上喜会梁州故人》）这是诘问自己，"何因"直贯下句，二语合为一句。这也为了经济的缘故。——至如"少陵无人谪仙死"（七古，韩愈，《石鼓歌》），"无人"也就是"死"。这是求新，求惊人。又，"百年多是几多时"（七律，元稹《遣悲怀之三》）是说百年虽多，究竟又有多少时候呢。这也许是当时口语的调子。又如"云中君不见"（五律，马戴，《楚江怀古》），云中君是一个词；这句诗上三字下二字，跟一般五言句上二下三的不同，但似乎只是个无意为之的例外，跟古诗里"出郭门直视"一般。可是如"永夜角声悲自语，中天月色好难看"（七律，杜甫，《宿府》），"五更鼓角声悲壮，三峡星河影动摇"（七律，杜甫，《阁夜》），都是上五下二，跟一般七言句上四下三或上二下五的不同，又，"近寒食雨草萋萋，著麦苗风柳映堤"（七绝，无名氏，《杂诗》），每句上四字作一二一，而一般作二二或三一。这些却是有意变调求新了。

本书选诗，各方面的题材大致都有，分配又匀称，没有单调或琐屑的弊病。这也是唐代生活小小的一个缩影。可是题材的内容虽反映着时代，题材的项目却多是汉魏六朝诗里所已有。只有音乐图画似乎是新的。赋里有以音乐为题材的，但晋以来就少。唐代音乐图画特别发达，反映到诗里，便增加了题材的项目。这也是时势使然。在各种题材里，"出处"是一重大的项目。从前读书人唯一的出路是出仕，出仕为了行道，自然也为了衣食。出仕以前的隐居，干谒，应试，(落第)等，出仕以后的恩遇，迁谪，乃至忧民，忧国，思林栖，思归田等，乃至真个辞官归田，都是常见的诗的题目，本书便可作例。仕君行道是儒家的思想，隐居和归田都是道家的思想。儒道两家的思想合成了从前的读书人。但是现在时势变了，读书人不一定出仕，林栖、归田等思想也绝无仅有。有些人读这些诗，也许会觉得不真切，青年学生读书，往往只凭自己的狭隘的兴趣，更容易有此感。但是会读诗的人，多读诗的人，能够设身处地，替古人着想，依然觉得这些诗真切。这是情感的真切，不是知识的真切。这些人不但对于现在有情感，对于过去也有情感。他们知道唐人的需要，唐人的得失，和现代人不一样，可是在读唐诗的时候，只让那对于过去的情感领着走；这种无私，无我，无关心的同情教他们觉得这些诗的真切。这种无关心的情感需要慢慢调整自己，扩大自己，才能养成。多读史，多读诗，是一条修养的途径。就是那些比较有普遍性的题材，如相思，离别，慈幼，慕亲，友爱等也还是需要无关心的情感。这些题材的节目多少也跟着时代改变一些，固执"知识的真切"的人读古代的这些诗，有时也不能感到兴趣。

至于咏古之作，如唐玄宗"经鲁祭孔子而叹之"(五律)，是古人敬慕古人，纪时之作，如李商隐《韩碑》(七古)，是古人论当时事。虽然我们也敬慕孔子,替韩愈抱屈,但知识地看,古人总隔一层。这些题材的普遍性比前一类低减些,不过还在"出处"那项目之上。还有,朝会诗,如岑参,王维《和贾至舍人早朝大明宫之作》(七律),见出一番堂皇富丽的气象;又,宫词,往往见出一番怨情,宛转可怜。可是这些题材现代生活里简直没有。最别扭的是边塞和从军之作,唐人很喜欢作这类诗,而悯苦寒饥黩武的居多数,跟现代人冒险尚武的精神恰恰相反。但荒寒的边塞自是一种新境界,从军苦在当时也是一种真情的流露;若能节取,未尝没有是处。要能欣赏这几类诗,都得靠无关心的情感。此外,唐人酬应的诗很多,本书里也可见。有些人觉得作诗该等候感兴,酬应的诗不会真切。但伫兴而作的人向来大概不多;据现在所知,只有孟浩然是如此。作诗都在情感平静了的时候,运诗造句都得用到理智;伫兴而作是无所为,酬应而作是有所为,在工力深厚的人其实无多差别。酬应的诗若能恰如分际,也就见得真切。况是这种诗里也不短至情至性之作。总之,读诗得除去偏见和成见,放大眼光,设身处地看去。

明代高棅编选《唐诗品汇》,将唐诗分为四期。后来虽有种种批评,这分期法却渐被一般沿用。初唐是高祖武德元年(公元618)至玄宗开元初年(公元713),约一百年。盛唐是玄宗开元元年至代宗大历初年(公元766),五十多年。中唐是代宗大历元年至文宗太和九年(公元835),七十年。晚唐是文宗开成元年(公元836)至昭宗天祐三年(公元906),八十年。初唐诗还是受齐梁的影响,题材多半是艳情和风云月露,讲究声词和对偶。到了沈佺期、宋之问手里,便成立了律诗的体制,这是唐代诗坛一件大事,影响后世最大。当时有个陈子昂,独主张复古,扩大诗的境界。但他死得早，成就不多。盛唐诗李白努力复古，杜甫努力开新。所谓复古，只是体会汉魏的作风和借用乐府诗的题目，并非模拟词句。所以陈子昂、李白都能够创一家，而李白的成就更大。他的成就主要在七言乐府；绝句也独步一时。杜甫却各体诗都是创作，全然不落古人窠臼。他以时事入诗，议论入诗，使诗散文化，使诗扩大境界；一方面研究律诗的变化，用来表达各种新题材。他的影响的久远，几乎没有一个诗人比得上。这时期作七古体的最多，为的这一体比较自由，又刚在开始发展。而王维、孟浩然专用五律写山水，也能变古成家。中唐诗韦应物、柳宗元的五古以复古的作风创作，各自成家。古文家韩愈继承杜甫，更使诗向散文化的路上走。宋诗受他的影响极大。他的门下作诗，有词句冷涩的，有题材诡僻的；本书里只选了贾岛一首。另一面有些人描写一般的社会生活；这原是乐府精神，却也是杜甫开的风气。元稹白居易主张诗该写社会生活而有规讽的作意，才是正宗。但他们的成就却不在此而在情景亲切，明白如话。他们不避俗，跟韩愈一派恰相对照；可也出于杜甫。晚唐诗刻画景物，雕琢词句，题材又回到风云月露和艳情上，只加了一些雅事。诗境重趋狭窄，但精致过于前人。这时期的精力集中在近体诗。精致的只是词句，全篇组织往往配合不上。就中李商隐、温庭筠虽咏艳情，却有大处奇处，不踡蹐在绮靡的圈子里；而李商隐学杜学韩境界更广阔些。学杜韩而兼受温李熏染的是杜牧，豪放之余，不失深秀。本书选诗七十七家，初唐不到十家，盛中晚三期各二十多家。入选的诗较多的八家。盛唐四家：杜甫的三十六首，王维三十首，李白二十九首，孟浩然十五首。中唐二家：韦应物十二首，刘长卿十一首。晚唐二家：李商隐二十四首，杜牧十首。

李白诗，书中选五古三首，乐府三首，七古四首，乐府五首，五律五首，七律一首，五绝二首，乐府一首，七绝二首，乐府三首。各体都备，七古和乐府共九首，最多，五七绝和乐府共八首，居次。李白，字太白，蜀人，玄宗时作供奉翰林，触犯了杨贵妃，不能得志。他是个放浪不羁的人，便辞了职，游山水，喝酒，作诗。他的态度是出世的；作诗全任自然。当时称他为"天上谪仙人"，这说明了他的人和他的诗。他的乐府很多，取材很广，他其实是在抒写自己的生活，只借用乐府的旧题目而已。他的七古和乐府篇幅恢张，气势充沛，增进了七古体的价值。他的绝句也奠定了一种新体制。绝句最需要经济的写出。李白所作，自然含蓄，情韵不尽。书中所收《下江陵》一首，有人推为唐代七绝第一。杜甫诗，计五古五首，七古七首，乐府四首，五七律各十首，五七绝各一首。只少五言乐府，别体都有。律诗共二十首，最多；七古和乐府共九首，居次。杜甫，字子美，河南巩县人。安禄山陷长安，肃宗在灵武即位。他从长安逃到灵武，做了左拾遗的官。后因事被放，辗转流落到成都，依故人严武，作到《检校工部员外郎》，世称杜工部。他在蜀住得很久。他是儒家的信徒，一辈子惦着仕君行道；又身经乱离，亲见民间疾苦。他的诗努力描写当时的情形，发抒自己的感想。唐代用诗取士，诗原是应试的玩意儿；诗又是供给乐工歌妓唱来伺候宫廷和贵人的玩意儿。李白用来抒写自己的生活，杜甫用来抒写那个大时代，诗的境界扩大了，地位也增高了。而杜甫抓住了广大的实在的人生，更给诗开辟了新世界。他的诗可以说是写实的；这写实的态度是从乐府来的。他的诗历史化、散文化，正是乐府的影响。七古体到他手里正式成立,律诗到他手里应用自如——他的五律极多,差不多穷尽了这一体的变化。

王维诗,计五古五首,七言乐府三首,五律九首,七律四首,五绝五首,七绝和乐府四首,五律最多。王维,字摩诘,太原人,试进士,第一,官至尚书右丞,世称王右丞。他会草书隶书,会画画。有别墅在辋川,常和裴迪去游览作诗。沈宋的五律还多写艳情,王维改写山水,选词造句都得自出心裁。从前虽也有山水诗,但体制不同,无从因袭。苏轼说他"诗中有画"。他是苦吟的,宋人笔记里说他曾因苦吟走入醋缸里;他的《渭城曲》(乐府),有人也推为唐代七绝压卷之作。他的诗是精致的。孟浩然诗,计五古三首,七古一首,五律九首,五绝二首,他是五律最多。孟浩然,名浩,以字行,襄州襄阳人,隐居鹿门山,四十岁才游京师。张九龄在荆州,召为僚属。他用五律写江湖,却不苦吟,亿兴而作。他专工五言,五言各体都擅长。山水诗不但描写自然,还欣赏自然;王维的描写比孟浩然多些。

韦应物诗,五古七首,五律二首,七律一首,五七绝各一首,五古多。韦应物,京兆长安人,做滁州刺史,改江州,入京做左司郎中,又出做苏州刺史。世称韦左司或韦苏州。他为人少食寡欲,常焚香扫地而坐。诗淡远如其人。五古学古诗,学陶诗,指事述情,明白易见——有理语也有理趣,正是陶渊明所长。这些是淡处。篇幅多短,句子浑含不刻画,是远处。朱子说他的诗无一字造作,气象近道。他在苏州所作《郡斋中雨与诸文士燕集》诗开端道,"兵卫森画戟,宴寝凝清香;海上风雨至,逍遥池阁凉。"诗话推为一代绝唱,也只是为那肃穆清华的气象。篇中又道,"自惭居处崇,未瞻斯民康",《寄李儋元锡》(七律)也道,"邑有流亡愧俸钱"，这是忧民；识得为政之体，才能有些忠君爱民之言。刘长卿诗，计五律五首，七律三首，五绝三首，五律最多。刘长卿，字文房，河间人，登进士第，官终随州刺史。世称刘随州。他也是苦吟的人，律诗组织最为精密整铼；五律更胜，当时推为"五言长城"。上文曾举过两首作例，可见出他的用心处。

李商隐诗，计七古一首，五律五首，七律十首，五绝一首，七绝七首。七律最多，七绝居次。李商隐，字义山，河内人，登进士第。王茂元镇河阳，召他掌书记，并使他作女婿。王茂元是李德裕的党；李德裕和令狐楚是政敌。李商隐和令狐本有交谊，这一来却得罪了他家。后来令狐楚的儿子令狐绹作了宰相，李商隐屡次写信表明心迹，他只是不理。这是李商隐一生的失意事，诗中常常涉及，不过多半隐约其辞。后来柳仲郢镇东蜀，他去做过节度判官。他博学强记，又有隐衷，诗里的典故特别多。他的七律里有好些《无题》诗，一方面像是相思不相见的艳情诗；另一方面又像是比喻，咏叹他和令狐绹的事，寄托那"不遇"的意旨。还有那篇《锦瑟》，虽有题，解者也纷纷不一。那或许是悼亡诗，或许也是比喻。又有些咏史诗，如《隋宫》，或许不止是咏古，还有刺时的意旨。他的诗语既然是一贯的隐约，读起来便只能凭文义、典故、他的事迹作一些可能的概括的解释。他的七绝里也有这种咏史或游仙诗，如《隋宫》《瑶池》等。这些都是奇情壮采之作——一方面七律的组织也有了进步——，所以入选的多。他的七绝最著名的可是《寄令狐郎中》一首。杜牧诗，五律一首，七绝九首，几乎是专选一体。杜牧，字牧之，登进士第。牛僧孺镇扬州，他在节度府掌书记，又做过司勋员外郎。世称杜司勋，又称小杜——杜甫称老杜。他很有政治的眼光，但朝中无人，终于是个失意者。他的七绝感慨深切,情辞新秀。《泊秦淮》一首也曾被推为压卷之作。

唐以前的诗,可以说大多数是五古,极少数是七古;但那些时候并没有体制的分类。那些时候诗的分类,大概只从内容方面看;最显著的一组类别是五言诗和乐府诗。五言诗虽也从乐府演变而出,但从阮籍开始,已经高度的文人化,成为独立的抒情写景的体制。乐府原是民歌,叙述民间故事,描写各社会的生活,有时也说教,东汉以来文仿作乐府的很多,大都沿用旧题旧调,也是五言的体制。汉末旧调渐亡,文人仿作,便只沿用旧题目;但到后来诗中的话也不尽合于旧题目。这些时候有了七言乐府,不过少极;汉魏六朝间著名的只有曹丕的《燕歌行》,鲍照的《行路难》十八首等。乐府多朴素的铺排,跟五言诗的浑含不露有别。五言诗经过汉魏六朝的演变,作风也分化。阮籍是一期,陶渊明谢灵运是一期,"宫体"又是一期。阮籍抒情,"志在刺讥而文多隐避"(颜延年沈约等注咏怀诗语),最是浑含不露。陶谢抒情、写景、说理,渐趋详切,题材是田园、山水。宫体起于梁简文帝时,以艳情为主,渐讲声调对偶。

初唐五古还是宫体余风。陈子昂、张九龄、李白主张复古,虽标榜"建安"(汉献帝年号,建安体的代表是曹植),实是学阮籍,本书张九龄《感遇》二首便是例子。但盛唐五古,张九龄以外,连李白所作(《古风》除外)在内,可以说都是陶谢的流派。中唐韦应物、柳宗元也如此。陶谢的详切本受乐府的影响。乐府的影响到唐代最为显著。杜甫的五古便多从乐府变化。他第一个变了五古的调子,也是创了五古的新调子。新调子的特色是散文化。但本书所选他的五古还不是新调子,读他的长篇才易见出。这种新调子后来渐渐代替了新调子。本书里似乎只有元结《贼退示官吏》一首是新调子;可是散文化太过,不是成功之作。至于唐人七古,却全然从乐府变出。这又有两派。一派学鲍照,以慷慨为主;另一派学"晋白纻(舞名)歌辞"(四首见《乐府诗集》)等,以绮艳为主。李白便是著名学艳鲍的;盛唐人似乎已经多是这一派。七言句长,本不像五言句的易加整炼,散文化更方便些。《行路难》里已有散文句,李白诗里又多些,如"我欲,因之梦吴越"(《梦游天姥吟留别》),又如上文举过的"弃我去者"二语。七古体夹长短句原也是散文化的一个方向。初唐陈子昂《登幽州台歌》全首道:"前不见古人,后不见来者。念天地之悠悠,独怆然而涕下。"简直没有七言句,却也可以算入七古里。到了杜甫,更有意的以文为诗,但多七言到底,少用长短句。后来人作七古,多半跟着他走。他不作旧题目的乐府而作了许多叙述时事,描写社会生活的诗。这正是乐府的本来面目。本书据《乐府诗集》将他的《哀江头》《哀王孙》等都放在七言乐府里,便是这个理。从他以后,用乐府旧题作诗的就渐渐的稀少了。另一方面,元稹、白居易创出一种七古新调,全篇都用平仄调协的律句,但押韵随时转换,平仄相间,各句安排也不像七律有一定的规矩。这叫做长庆体,长庆是穆宗的年号,也是元白的集名。本书白居易的《长恨歌》《琵琶行》都是的。古体诗的声调本来比较近乎语言之自然,长庆体全用律句,反失自然,自是一种变调,但却便于歌唱。长恨歌可以唱,见于记载,可不知道是否全唱。五七古里律句多的本可歌唱,不过似乎只唱四句,跟唱五七绝一样。古体诗虽不像近体诗的整炼,但组织的经济也最着重。这也是它跟散文的一个主要的分别。前举韦应物《送杨氏女》便是一例。又如李白《宣州谢朓楼饯别校书叔云》里道，"蓬莱文章建安骨，中间小谢又清发"，一方面说谢朓（小谢），一方面是比喻。且不说喻旨，只就文义看，"蓬莱"句又有两层比喻，全句的意旨是后汉文章首推建安诗。"中间"句说建安以后"大雅久不作"（见李白《古风》第一首），小谢清发，才重振遗绪："中间""又"三个字包括多少朝代，多少诗家，多少诗，多少议论！组织有时也变换些新方式，但得出于自然。如李白《梦游天姥吟留别》（七古）用梦游和梦醒作纲领，韩愈《八月十五夜赠张功曹》同唱歌跟和歌作纲领，将两篇歌辞穿插在里头。

律诗出于齐梁以来的五言诗，和乐府。何逊，阴铿，徐陵，庾信等的五言都已讲究声调和对偶。庾信的"乌夜啼"乐府简直像七律一般；不过到了沈宋才成定体罢了。律首声调，前已论及。对偶在中间四句，就是第一组节奏的后两句，第二组节奏的前两句，也是异中有同，同中有异。这样，前四句由散趋整，后四句由整复归于散，增前两组节奏的往复回还的效用。这两组对偶又得自有变化，如一联写景，一联写情，一联写见，一联写闻之类，才不至板滞，才能和上下打成一片。所谓情景或见闻，只是从浅处举例，其实这中间变化很多，很复杂。五律如"地犹邹氏邑，宅即鲁王宫。叹凤嗟身否，伤麟怨道穷。"（唐玄宗，《经鲁祭孔子而叹之》）四句虽两两平列，可是前一联上句范围大，下句范围小，后一联上句说平时，下句说将死，便见流走。又，"为我一挥手，如听万壑松。客心洗流水，余响入霜钟"。（李白，《听蜀僧濬弹琴》前联一弹一听，后联一在弹，一已止，各是一串儿。又，"遥怜小儿女，未解忆长安；香雾云鬟湿，清辉玉臂寒"。（杜甫，《月夜》）"遥怜"直贯四句。"小儿女未解忆长安"固然可怜，"香雾"

云云的人（杜甫妻）解得忆长安，也许更可怜些。前联只是一句话，后联平列；两相调剂着。律诗多在四句分段，但也不尽然，从这一首可见。又，前面引过的刘长卿"寻南溪常道士"次联"白云依静渚，芳草闭闲门"，似乎平列，用意却侧重寻常道士不遇，侧重在下句。三联"过雨看松色，随山到水源"，上句景物，下句动作，虽然平列而不是一类。再说"过雨"暗示忽然遇雨，雨住后松色才更苍翠好看；这就兼着叙事，跟单纯写景又不同。

七律如："云边雁断胡天月，陇上羊归塞草烟。回日楼台非甲帐，去时冠剑是丁年。"（温庭筠《苏武庙》）前联平列，但不是单纯的写景句；这中间引用着汉书《苏武传》，上句意旨是和汉朝音信断绝，（雁足传书事）下句意旨是无归期（匈奴使苏武放牧羊，说牧羊有乳才许归汉）。后联说去汉时还是冠剑的壮年，回汉时武帝已死；"丁年奉使"见李陵答苏武书，甲帐是头等帐，是武帝作来敬神的，见汉武故事。这一联是倒装，为的更见出那"不堪回首"的用意。又，"玉玺不缘归日角，锦帆应是到天涯。于今腐草无萤火，终古垂杨有暮鸦。"（李商隐《隋宫》）日角是额骨隆起如日，是帝王之相，这儿是根据《旧唐书》用来指太宗。锦帆指隋炀帝的游船，见开河记。这一联说若不因为太宗得了天下，炀帝还该游得远呢。上句是因，下句是果。放萤火，种垂杨，都是炀帝的事。后联平列，上句说不放萤火，下句说垂杨栖鸦，一有一无，却见出"而今安在"一个用意。又，李商隐《筹笔驿》中二联道："徒令上将挥神笔，终见降王走传车。管乐有才真不忝，关张无命欲如何！"筹笔驿在绵州绵谷县，诸葛武侯曾在那里驻军筹画。有上将指武侯，降王指后主；管乐是管仲乐毅，武侯早年曾自比这二人。前联也是倒装，因为"终见——"，才觉"徒令"。但

因"筹笔"想到"降王",即景生情,虽倒装还是自然。后联也将
"有""无"对照,见出本诗末句"恨有余"的用意。七律对偶用倒
装句,因果句,到晚唐才有。七言句长,整炼较难,整炼而能变化
如意更难。唐代律诗刚创始,五言比较容易些,发展得自然快
些。作五律的大概多些,好诗也多些,本书五律多,便是这个缘
故。律诗也有不对偶或对偶不全的,如李白《夜泊牛渚怀古》(五
律),又如崔颢《黄鹤楼》(七律)的次联,这些只算例外。又有不
调平仄的,如《黄鹤楼》和王维《终南别业》(五律),也是例
外。——也有故意这样作的,后来称为拗体,但究竟是变调。本
书不选排律。七言排律本来少,五言的却多,也推杜甫为大家。
排律将律诗的节奏重复多次,便觉单调,教人不乐意读下去。但
本书不选,恐怕是为了典故多。晚唐律诗着重一句一联,忽略全
篇的组织,因此后人评论律诗,多爱摘句,好像律诗篇幅完整的
很少似的。其实不然,这只是偏好罢了。

　　绝句不是截取律诗的四句而成。五绝的源头在六朝乐府
里。六朝五言四句的乐府很多,子夜歌最著名。这些大都是艳
情之作,诗中用谐声辞格很多。谐声辞格如"蟢子"谐"喜"声,
"藥砧"就是"铁"(铡刀)谐"夫"声。本书选了权德与"玉台体"一
首,就是这种诗。也许因为诗体太短,用这种辞格来增加它的内
容,这也是多义的一式。但唐代五绝已经不用谐声辞格,因为不
大方,范围也窄。唐代五绝有调平仄的,有不调平仄而押仄声韵
的;后者声调上也可以说是古体诗,但题材和作风不同。所以容
许这种声调不谐的五绝,大约也是因为诗体太短,变化少;多一
些自由,可以让作者多一些回旋的地步。但就是这样,作的还是
不多。七言四句的诗,唐以前没有,似乎是唐人的创作。这大概

是为了当时流行的西域乐调而作；先有调，后有诗。五七绝都能歌唱，七绝歌唱的更多——该是因为声调曼长，好听些。作七绝的比五绝的多得多，本书选得也多。唐人绝句有两种作风：一是铺排，一是含蓄。前者如柳宗元"江雪"：

> 千山鸟飞绝，万境人踪灭；
> 孤舟蓑笠翁，独钓寒江雪。

又，韦应物《滁州西涧》。

> 独怜幽草涧边生，上有黄鹂深树鸣；
> 春潮带雨晚来急，野渡无人舟自横。

柳诗铺排了三个印象见出"江雪"的幽静，韦诗铺排了四个印象见出西涧的幽静；但柳诗有"千山""万境""绝""灭"等词，显得那幽静更大些。所谓铺排，是平排（或略参差，如所举例）几个同性质的印象，让它们集合起来，暗示一个境界。这是让印象自己说明，也是经济的组织，但得选择那些精印象。后者是说要从浅中见深，小中见大，这两者有时是一回事。含蓄的绝句，似乎是正宗，如杜牧《秋夕》。

> 银烛秋光冷画屏，轻罗小扇扑流萤。
> 天街夜色凉如水，卧看牵牛织女星。

是说宫人秋夕的幽怨，可作浅中见深的一例。又刘禹锡《乌衣巷》：

> 朱雀桥边野草花，乌衣巷口夕阳斜。
> 旧时王谢堂前燕，飞入寻常百姓家。

乌衣巷是晋代王导谢安住过的地方，唐代早为民居。诗中只用野花，夕阳，燕子，对照今昔，便见出盛衰不常的一番道理。这是小中见大，也是浅中见深。又，王之涣《登鹳雀楼》：

> 白日依山尽，黄河入海流。
> 欲穷千里目，更上一层楼。

鹳雀楼在平阳府蒲州城上。白日依山，黄河入海，一层楼的境界已穷，若要看得更远，更清楚，得上高处去。三四句上一层楼，穷千里目，是小中见大；但另一方面，这两句可能是个比喻，喻体是人生，意旨是若求远大得向高处去。这又是浅中见深了。但这一首比较前二首明快些。

论七绝的称含蓄为"风调"。风飘摇而有远情，调悠扬而有远韵，总之是余味深长。这也配合着七绝的曼长的声调而言，五绝字少节促，便无所谓风调。风调也有变化，最显著的是强弱的差别，就是口气否定肯定的差别。明清两代论诗家推举唐人七绝压卷之作共十一首，见于本书的八首。就是：王维《渭城曲》（乐府），王昌龄《长信怨》或《出塞》（皆乐府），王翰《凉州词》，李白《下江陵》，王之涣《出塞》（乐府，一作《凉州词》），李益《夜上受降城闻笛》，杜牧《泊秦淮》。这中间四首是乐府，乐府的措辞总

要比较明快些。其余四首虽非乐府,也是明快一类。只看八首诗的末二语便可知道。现在依次钞出:

> 劝君更尽一杯酒,西出阳关无故人。
> 玉颜不及寒鸦色,犹带昭阳日影来。
> 但使龙城飞将在,不教胡马度阴山。
> 醉卧沙场君莫笑,古来征战几人回?
> 两岸猿声啼不住,轻舟已过万重山。
> 羌笛何须怨杨柳?春风不度玉门关。
> 不知何处吹芦管,一夜征人尽望乡。
> 商女不知亡国恨,隔江犹唱后庭花。

这些都用否定语作骨子,所以都比较明快些。这些诗也有所含蓄,可是强调。七绝原来专为歌唱而作,含蓄中略求明快,听者才容易懂,适应需要,本当如此。弱调的发展该是晚点儿。——不见于本书的三首,一首也是强调,二首是弱调。十一首中共有九首调强,可算是大多数。

当时为人传唱的绝句见于本书的,五言有王维的《相思》,七言有他的《渭城曲》,王昌龄的《芙蓉楼送辛渐》和《长信怨》,王之涣的《出塞》。《相思》道:

> 红豆生南国,春来发几枝?
> 愿君多采撷!此物最相思。

《芙蓉楼送辛渐》道:

寒雨连江夜入吴，平明送客楚山孤；

　　洛阳亲友如相问，一片冰心在玉壶。

　　除《长信怨》外，四首都是对称的口气。——王之涣的《羌笛》句是说"你何须吹羌笛的折柳词来怨久别?"——那不见于本书的高适的"开箧泪沾臆，见君前日书"一首也是的（这一首本是一首五古的开端四语，歌者截取，作为绝句）。歌辞用对称的口气，唱时好像在对听者说话，显得亲切。绝句用对称口气的特别多；有时用问句，作用也一般。这些原都是乐府的老调儿，绝句只是推广应用罢了。——风调转而为才调，奇情壮采依托在艳辞和故事上，是李商隐的七绝。这些诗虽增加了些新类型，却非七绝的本色。他又有《夜雨寄北》一绝：

　　君问归期未有期。巴山夜雨涨秋池。

　　何当共翦西窗烛，却话巴山夜雨时！

　　这也是对称的口气。设想归后向那人谈此时此地的情形，见出此时此地思归和想念的心境，回环含蓄，却又亲切明快。这种重复的组织极精炼可喜。但绝句以自然为主。像本诗的组织，精炼不失自然，是可遇而不可求的。

　　朱宝莹先生有《诗式》，专释唐人近体诗的作法作意，颇切实，邵组平先生有《唐诗通论》（《学衡》第十二期）颇详明，都可参看。

《胡适文选》读法指导大概

　　本书是三集《胡适文存》的选本，选者是胡先生自己。上海亚东图书馆印行，民国十九年十二月初版，二十二年二月三版。本篇便根据三版的本子。本书后方极少见，究竟已经出到几版，现在还不能查出。这部选本是特意预备给少年人读的，胡先生自己说得明白：

　　　　我在这十年之中，出版了三集《胡适文存》，约计有一百四五十万字。我希望少年学生能读我的书，故用报纸印刷，要使定价不贵。但现在三集的书价已在七元以上，贫寒的中学生已无力全买了。字数近百五十万，也不是中学生能全读的了。所以我现在从这三集里选出了二十二篇论文，印作一册，预备给国内的少年朋友们作一种课外读物。如有学校教师愿意选我的文字作课本的，我也希望他们用这个选本。

　　这个选本里的二十二篇论文代表胡先生各方面的思想。他顾念少年学生的财力和精力，苦心的从三集文存里选出了这二十二篇足以代表他的各方面的思想的论文,成为这部文选,给少年学生作课外读物,并希望学校教师选他的文字作课本的也用这个足以代表他的思想的选本。预备给少年学生读的书虽然不算少,好的却不多。本书是一部值得读的好书。现在我们介绍给高中学生,作为略读的书。书中论文,除第五组各篇有些也许略略深些之外,都合于高中学生的程度,相信他们读了可以得着益处。全书约二十二万字。

胡先生名适,号适之,安徽省绩溪县人,今年五十岁。他是美国哥伦比亚大学哲学博士,大思想家杜威先生的学生。回国后任国立北京大学教授多年,先后办《新青年杂志》,《每周评论》,《努力周报》,《独立评论》等。现任驻美大使。他有一本《四十自述》,(原由新月书店出版,版权现归商务)是一本很有趣味的自传,可惜没有写完就打住。他的著作很多,这里只想举出一部分重要的,高中学生可以看懂的。《胡适文存》,《胡适文存二集》,《胡适文存三集》(亚东版),包括各方面的论文,是本书的源头。《中国古代哲学史》(原名《中国哲学史大纲》,上卷,商务印书馆)是第一部用西洋哲学作"比较的研究"而写成的《中国哲学史》。《白话文学史》上卷(新月版,现归商务印书馆)是第一部专叙近于白话的文学的中国文学史。《尝试集》是第一部白话诗集。这些都可以说是划时代的著作,影响非常广大。还有他翻译的《短篇小说》(亚东版),也有广大的读众;差不多每种国文教科书都选了的《最后一课》和《二渔夫》,便出在这个译本里。

胡先生是新文化运动的领袖之一。新青年时代他的影响最大。文学革命,他可以说是主帅。他的《文学改良刍议》(文存)实在是文学革命的第一声号角。在那篇论文里,他提出了他的

"八不主义",是单从消极的破坏的一方面下手。后来又作《建设的文学革命论》(见本书)。但"这篇文章名为'建设的',其实还是破坏的方面最有力。"胡先生说过:"文学革命的运动,不论古今中外,大概都是从'文的形式'一方面下手,大概都是先要求语言文字文体等方面的大解放。……这一次中国文学的革命运动,也是先要求语言文字和文体的解放。"(《谈新诗》第二段,文存)解放正是消极的破坏的工作。胡先生的大成功就在他的破坏的工作达到了那解放的目的。胡先生又是思想革命的一员大将。他用评判的态度"重新估定一切的价值";他拥护科学,提倡健全的个人主义,颂扬西洋的近代文明(参看《介绍我自己的思想》第二段第三段)。这里建设的比破坏的多。可是他的最大的建设的工作还在整理国故上。《中国古代哲学史》,《白话文学史》,以及许多篇旧小说的考证,都是"用评判的态度,科学的精神,去做一番整理国故的工夫"。这些对于旧有的学术思想给了一道新的光。胡先生"认定民国六年以后的新文化运动的目的是再造中国文明"(介绍我自己的思想),以上种种便是他对于再造文明的贡献。但是他从办《努力周报》起,实际政治的兴趣渐渐浓厚。那时他的朋友有反对他的,有赞成他的。他曾经写过一篇《我的歧路书》(文存二集),说明他的政治的兴趣不致妨碍他在学术思想方面的工作。不过《努力周报》还附刊《读书杂志》,独立评论却差不多是纯粹政治性的刊物,他显然偏向那一条路了。现在作了驻美大使,简直是在那一条路上了。他在文学革命和整理国故方面的功绩,可以说已经是不朽的;对于实际政治的贡献,目前还难以定论。

本书开端是"介绍我自己的思想",胡先生专给本书写的。

他说：

> 我选的这二十二篇文字，可以分作五组。
> 第一组六篇，泛论思想的方法。
> 第二组三篇，论人生观。
> 第三组三篇，论中西文化。
> 第四组六篇，代表我对于中国文学的见解。
> 第五组四篇，代表我对于整理国故问题的态度与方法。

为读者的便利起见，我现在给每一组作一个简短的提要，使我的少年朋友们容易明白我的思想的路径。

读本书的自然该从这一篇入手。胡先生在第一段里道：

> 我的思想受两个人的影响最大：一个是赫胥黎，一个是杜威先生。赫胥黎教我怎样怀疑，教我不信任一切没有充分证据的东西。杜威先生教我怎样思想，教我处处顾到当前的问题，教我把一切学说理想都看作待证的假设，教我处处顾到思想的结果。这两个人使我明了科学方法的性质与功用。

科学方法是胡先生的根本的思想方法；他用科学方法评判旧有的种种思想学术以及东西文化，"重新估定一切的价值"。结果便是他的文存，哲学史，文学史等。——他创作白话诗，也是一种实验，也是"科学的精神"，这是他的"文学的实验主义"。他又说作诗也得根据经验，这是他的"诗的经验主义"（见《尝试集》里"梦与诗"的跋语）。在他，科学的精神真可以算得"一以贯之"。他编选这部书的用意，在篇尾说得很明白：

> 从前禅宗和尚曾说，"菩提达摩东来，只要寻一个不受人惑的人"。我这里千言万语，也只是要教人一个不受人惑的方法。被孔丘朱熹牵着鼻子走，固然不算高明；西方思想牵着鼻子走，也算不得好汉。我自己决不想牵着谁的鼻子走。我只希望尽我微薄的能力，教我的少年朋友们学一点防身的本领，努力做一个不受人惑的人。

这个"不受人惑的方法"便是科学的方法，也便是赫胥黎和杜威先生所教人的。

赫胥黎教人怎样怀疑。怀疑是评判的入手处。胡先生在《新思潮的意义》里说："评判的态度含有几种特别的要求"：

> 一、对于习俗相传下来的制度风俗，要问："这种制度现在还有存在的价值吗？"
>
> 二、对于古代遗传下来的圣贤教训，要问："这句话在今日还是不错吗？"
>
> 三、对于社会上糊涂公认的行为与信仰，都要问："大家公认的，就不会错了吗？人家这样做，我也该这样做吗？难道没有别样做法比这个更好，更有理，更有益的吗？"

这是怀疑，这是"不信任一切没有充分证据的东西"。存疑和怀疑不同，但"不信任一切没有充分证据的东西"的态度是从赫胥黎的存疑主义来的。胡先生道：

> 达尔文与赫胥黎在哲学方法上最重要的贡献，在于他们的"存疑主义"。存疑主义这个名词，是赫胥黎造出来的，直译为"不知主义"。孔丘说，"知之为知之，不知为不知，是知也"。这话确是存疑主义的一个好解说。但近代的科学家还要进一步，他们要问："怎样的知，才可以算是无疑的知？"赫胥黎说，只有那证据充分的知识，方才可以信仰，凡没有充分证据的，只可存疑，不当信仰。这是存疑主义的主脑。《演化论与存疑主义》）

又道：

> 赫胥黎是达尔文的作战先锋，从战场上的经验里认清了科学的唯一武器是证据，所以大声疾呼的把这个无敌的武器提出来，叫人认为思想解放和思想革命的唯一工具。自从这个"拿证据来"的喊声传出以后，世界的哲学思想就不能不起一个根本的革命——哲学方法上的大革命。于是十九世纪前半的哲学实证主义就一变而为十九世纪末年的实验主义了。（同上）

杜威先生教人怎样思想。胡先生在《杜威先生与中国》里特别指出：

> 杜威先生不曾给我们一些关于特别问题的特别主

张——如共产主义，无政府主义，自由恋爱之类——他只给了我们一个哲学方法，使我们用这个方法去解决我们自己的特别问题。他的哲学方法，总名叫做"实验主义"。

实验主义是存疑主义的影响所形成，它和存疑主义可以说是一贯的。杜威先生的实验主义分开来可作两步说：

一、历史的方法——"祖孙的方法" 他从来不把一个制度或学说看作一个孤立的东西，总把他看作一个中段：一头是他所以发生的原因，一头是他自己发生的效果；上头有他的祖父，下面有他的子孙。捉住了这两头，他再也逃不出去了！这个方法的应用，一方面是很忠厚宽恕的，因为他处处指出一个制度或学说所以发生的原因，指出他的历史的背景，故能了解他在历史上占的地位与价值，故不致有过分的苛责。一方面，这个方法又是最严厉的，最带有革命性质的，因为他处处拿一个学说或制度所发生的结果来评判他本身的价值，故最公平，又最厉害。这种方法是一切带有评判精神的运动的一个重要武器。

二、实验的方法——实验的方法至少注重三件事：（一）从具体的事实与境地下手；（二）一切学说理想，一切知识，都只是待证的假设，并非天经地义；（三）一切学说与理想都须用实行来试验过；实验是真理的唯一试金石。第一件——注意具体的境地——使我们免去许多无谓的假问题，省去许多无意义的争论。第二件——一切学理都看作假设——可以解放许多"古人的奴隶"。第三件——实验——可以稍稍限制那上天下地的妄想冥想。实验主义只承认那一点一滴做到的进步——步步有智慧的指导，步步有自动的实验——才是真进化。

胡先生指出"特别主张的应用是有限的,方法的应用是无穷的。"

在《杜威论思想》里,胡先生说:"杜威的哲学基本观念是:'知识思想是人生应付环境的工具。'""杜威哲学的最大目的,只是怎样能使人类养成那种'创造的智慧',使人应付种种环境充分满意。换句话说,杜威的哲学的最大目的是怎样能使人有创造的思想力。""杜威所指的思想……有两大特性。(一)须先有一种疑惑困难的情境做起点;(二)须有寻思搜索的作用,要寻出新事物或新知识来解决这种疑惑困难。""杜威论思想,分作五步说:(一)疑难的境地;(二)指定疑难之点究竟在什么地方;(三)假定种种解决疑难的方法;(四)把每种假定所涵的结果,一一想出来,看哪一个假定能够解决这个困难;(五)证实这种解决,使人信用,或证明这种解决的谬误,使人不信用。"胡先生特别指出:

杜威一系的哲学家论思想的作用,最注意"假设"。试看上文所说的五步之中,最重要的就是第三步。……我们研究这第三步,应该知道这一步在临时思想的时候是不可强求的;是自然涌上来,如潮水一样,压制不住的;他若不来时,随你怎样搔头抓耳,挖尽心血,都不中用。……所以思想训练的着手工夫在于使人有许多活的学问知识。活的学问知识的最大来源在于人生有意识的活动。使(从)活动事业得来的经验,是真实可靠的学问知识。这种有意识的活动,不但能增加我们假设意思的来源,还可训练我们时时刻刻拿当前的问题来限制假设的范围,不至于上天下地的胡思乱想。还有一层,人生实际的事业,处处是实用,处处用效果来证实理论,可以养成我们用效果来评判假设的能力，可以养成我们实验的态度。养成了实验的习惯，每起一个假设，自然会推想到它所涵的效果，自然会来用这种推想出来的效果来评判原有的假设的价值。这才是思想训练的效果，这才是思想能力的养成。

"创造的智慧""创造的思想力"主要的得靠"活的学问知识"养成。所以胡先生自己虽然只将赫胥黎杜威的方法应用在文学革命和整理国故等等上，但他看见一班少年人跟着他们向故纸堆去乱钻，却以为"是最可悲叹的现状"。他"希望他们及早回头多学一点自然科学的知识与技术"。他说"那条路是活路，这条故纸的路是死路"自然科学的知识是"活的学问知识"；从自然界的实物下手。可以造成科学文明，工业世界。这便是胡先生所希望再造的文明。

胡先生的科学的精神是一贯的。他所信仰的新人生观（包括宇宙观）便是"建筑在二三百年的科学常识之上的一个大假设"。他总括吴稚晖先生的"一个新信仰的宇宙观及人生观"（在《科学与人生观》里）的大意，加上一点扩充和补充，提出了这个新人生观的轮廓：

一、根据于天文学和物理学的知识，叫人知道空间的无穷之大。

二、根据于地质学及古生物学的知识，叫人知道时间的无穷之长。

三、根据于一切科学，叫人知道宇宙及其中万物的运行变迁皆是自然的，自己如此的——，正用不着什么超自然的主宰或造物者。

四、根据于生物的科学的知识，叫人知道生物界的生存竞争的浪费与惨酷——因此,叫人更可以明白那"有好生之德"的主宰的假设是不能成立的。

五、根据于生物学、生理学、心理学的知识,叫人知道人不过是动物的一种,他和别种动物只有程度的差异,并无种类的区别。

六、根据于生物的科学及人类学、人种学、社会学的知识,叫人知道生物及人类社会演进的历史和演进的原因。

七、根据于生物的及心理的科学,叫人知道一切心理的现象都是有因的。

八、根据于生物学及社会学的知识,叫人知道道德礼教是变迁的,而变迁的原因都是可以用科学方法寻求出来的。

九、根据于新的物理化学的知识,叫人知道物质不是死的,是活的;不是静的,是动的。

一〇、根据于生物学及社会学的知识,叫人知道个人——"小我"——是要死灭的,而人类——"大我"——是不死的,不朽的;叫人知道"为全种万世而生活"就是宗教就是最高的宗教;而那些替个人谋死后的"天堂""净土"的宗教,乃是自私自利的宗教。(《科学与人生观》序)

这种新人生观原可以算得"科学的人生观",但胡先生"为避免无谓的争论起见"。主张叫他做"自然主义的人生观"。"在那个自然主义的宇宙里,在那无穷之大的空间里,在那无穷之长的时间里,这个平均高五尺六寸,上寿不过百年的两手动物——人——真是一个藐乎其小的微生物了。"然而"这个渺小的两手动物却也有他的相当的地位和相当的价值。他用两手和一个大脑,居然能做出许多器具,想出许多方法,造成一点文化"。"这个自然主义的人生观里,未尝没有美,未尝没有诗意,未尝没有道德的责任,未尝没有充分运用'创造的智慧'的机会。"

胡先生虽然说小我是要死灭的,"但个人自有他的不死不灭的部分:他的一切作为,一切功德罪恶,一切语言行事,无论大小,无论善恶,无论是非,都在那大我上留下不能磨灭的结果和影响。"我们应该说,'说一句话而不敢忘这句话的社会影响,走一步路而不敢忘这步路的社会影响。'这才是对于大我负责任。能如此做,便是道德,便是宗教。"(介绍我自己的思想,参看《不朽》)"这样说法,并不是推崇社会而抹煞个人。这正是极力抬高个人的重要。个人虽渺小,而他的一言一动都在社会上留下不朽的痕迹,……这不是绝对承认个人的重要吗?"懂得个人的重要,才懂得胡先生在"易卜生主义"里所提倡的"一个健全的个人主义的人生观"(《介绍我自己的思想》)。这和自然主义的人生观并不相反而相成。那文中引易卜生给他的朋友白兰戴的信道:

> 我所最期望于你的是一种真实纯粹的为我主义。要使你有时觉得天下只有关于我的事最要紧,其余的都算不得什么。……你要想有益于社会,最好的法子莫如把你自己这块材料铸造成器。……有的时候我真觉得全世界都像海上撞沉了船,最要紧的还是救出自己。

胡先生说:"这便是健全的个人主义。救出自己的唯一法子便是把你自己这块材料铸造成器。把自己铸造成器,方才可以希望有益于社会。真实的为我,便是最有益的为人。把自己铸造成了自由独立的人格，你自然会不知足，不满意于现状，敢说老实话，敢攻击社会上的腐败情形，做一个'贫贱不能移，富贵不能淫，威武不能屈'的斯铎曼医生"。(《介绍我自己的思想》)他又很带情感的指出：

这个个人主义的人生观一面教我们学娜拉，要努力把自己铸造成个人，一面教我们学斯铎曼医生，要特立独行，敢说老实话，敢向恶势力作战。少年的朋友们，不要笑这是十九世纪维多利亚的陈腐思想！我们去维多利亚时代还老远哩。欧洲有了十八九世纪的个人主义，造出了无数爱自由过于面包，爱真理过于生命的特立独行之士，方才有今日的文明世界。

这也是胡先生所希望再造的文明。

胡先生思想的间架大概如此。存疑主义和实验主义是他的方法论，自然主义和个人主义是他的人生观但他不是空谈外来进口的偏向纸上的主义的人，他说主义应该和实行的方法合为一件事。他做到了他所说的。他指出：

凡"主义"都是应时势而起的。某种社会，到了某时代，受了某种的影响，呈现某种不满意的现状。于是有一些有心人，观察这种现象，想出某种救济的法子。这是主义的原起。主义初起时，大都是一种救时的具体主张。后来这种主张传播出去，传播的人要图简便，便用一两个字来代表这种具体的主张，所以叫他做"某某主义"。主张成了主义，便由具体的计划，变成一个抽象的名词，主义的弱点和危险，就在这里。因为世间没有一个抽象名词能把某人某派的具体主张都包括在里面。(《问题与主义》)

他曾在《每周评论》里说过，"现在舆论界的大危险，就是偏向纸上的学说，不去实地考察中国今日的社会需要究竟是什么东西"。又道："舆论家的第一天职，就是细心考察社会的实在情形。一切学理，一切主义，都是这种考察的工具。有了学理作参考材料，便可使我们容易懂得所考察的情形，容易明白某种情形有什么意义，应该用什么救济的方法。"所以他劝人。

多研究些具体的问题，少谈些抽象的主义。一切主义，一切学理，都该研究，但是只可认作一些假设的见解，不可认作天经地义的信条，只可认作参考印证的材料，不可奉为金科玉律的宗教，只可用作启发心思的工具，切不可用作蒙蔽聪明，停止思想的绝对真理。如此方才可以渐渐养成人类的创造的思想力，方才可以渐渐使人类有解决具体问题的能力，方才可以渐渐解放人类对于抽象名词的迷信。(《问题与主义》)

在"新思潮的意义"里，胡先生曾说新思潮的手段有两项："一方面，讨论社会上，政治上，宗教上，文学上种种问题。一方面是介绍西洋的新思想、新学术、新文学、新信仰。前者是研究问题，后者是输入学理。"但是"新思潮运动的最大成绩差不多全是研究问题的结果。新文学的运动便是一个最明白的例"。"而"从研究问题里面输入的学理，最容易消除平常人对于学理的抗拒力，最容易使人于不知不觉之中受学理的影响"。所以他希望新思潮的领袖人物"能把一切学理应用到我们自己的种种切要问题上去，能在研究问题上面做输入学理的工夫，能用研究问题的工夫来提倡研究问题的态度"。他说"再造文明的下手工夫，是这个那个问题的研究。再造文明的进行，是这个那个问题的解决"。"文明不是笼统造成的，是一点一滴造成的。进化不是一晚上笼统进化的，是一点一滴进化的。"

胡先生的贡献，大部分也在问题的研究上。文学革命是一些具体问题,整理国故也是一些具体问题,中西文化,问题与主义,都是一些具体问题。他讨论问题与主义,只因"当时(1919年)承'五四''六三'之后,国内正倾向于空谈主义"(《介绍我自己的思想》)。这问题"是与许多人有密切关系的"。他讨论中西文化,也只为"今日最没有根据而又最有毒害的妖言是讥贬西洋文明为唯物的,而尊崇东方文明为精神的"。他说:

这本是很老的见解,在今天却有新兴的气象。从前东方民族受了西洋民族的压迫,往往用这种见解来解嘲,来安慰自己。近几年来,欧洲大战的影响使一部分的西洋人对于近世科学的文化起一种厌倦的反感,所以我们时时听见西洋学者有崇拜东方的精神文明的议论。这种议论,本来只是一时的病态的心理,却正投合东方民族的夸大狂;东方的旧势力就因此增加了不少的气焰。(《我们对于西洋近代文明的态度》)。

因此他觉得"不能没有一种鲜明的表示"。他研究的结果是这样:

东方的文明的最大特色是知足。西洋的近代文明的最大特色是不知足。

知足的东方人自安于简陋的生活,故不求物质享受的提高;自安于愚昧,自安于"不识不知",故不注意真理的发见与技艺器械的发明;自安于现成的环境与命运,故不想征服自然,只求乐天安命,不想改革制度,只图安分守己,不想革命,只做顺民。

这样受物质环境的拘束与支配,不能跳出来,不能运用人的心思智力来改造环境改良现状的文明,是懒惰不长进的民族的文明,是真正唯物的文明。这种文明只可以揭抑而决不能满足人类精神上的要求。西方人大不然。他们说"不知足是神圣的"。物质上的不知足产生了今日的钢铁世界，汽机世界，电力世界。理智上的不知足产生了今日的科学世界。社会政治制度上的不知足产生了今日的民权世界，自由政体，男女平权的社会，劳工神圣的喊声，社会主义的运动。神圣的不知足是一切革新一切进化的动力。

这样充分运用人的聪明智慧来寻求真理以解放人的心灵，来制服天行以供人用，来改造物质的环境，来改革社会政治的制度，来谋人类最大多数的最大幸福——这样的文明应该满足人类精神上的要求：这样的文明，是精神的文明，是真正理想主义的文明，决不是唯物的文明。

因此他说我们自己要认错，我们必须承认我们自己不如人。"肯认错了，方才肯死心塌地的去学人家。"他说"不要怕模仿，因为模仿是创造的必要预备工夫"。(《介绍我自己的思想》)

胡先生的文学革命论的基本观念是"历史的文学进化观念"。他有一篇《历史的文学观念论》(见文存，本书未选)说得很详细：

居今日而言文学改良，当注重"历史的文学观念"。一言以蔽之曰：一时代有一时代之文学。此时代与彼时代之间，虽皆有承前启后之关系，而决不容完全钞袭：其完全钞袭者，决不成为真文学。……纵观古今文学变迁之趋势，……白话之文学，自宋以来，虽见屏于古文家，而终一线相承，至今不绝。……岂不以此为吾国文学趋势自然如此，故不可禁遏而日以昌大耶？……吾辈之攻古文家，正以其不明文学之趋势，而强欲作一千年二千年以上之文。此说不破，则白话之文学无有列为文学正宗之一日，而世之文人将犹鄙薄之，以为小道邪径而不肯以全力经营造作之。……夫不以全副精神造文学而望文学之发生，此犹不耕而求获，不食而求饱也，亦终不可得矣。施耐庵曹雪芹诸人所以能有成者，正赖其有特别毅力，能以全力为之耳。(《文学革命运动》引)

这里最重要的是将白话文学当作中国文学正宗(参看《文学改良刍议》)。这一点他在《建设的文学革命论》里说得更明白："自从三百篇到于今，中国的文学凡是有一些价值，有一些儿生命的，都是白话的，或是近于白话的。其余的都是没有生气的古董，都是博物院中的陈列品！"这确是一个划时代的看法，即使欠公平些。他说"死文言决不能产出活文学"。"中国若想有活文学，必须用白话，必须用国语，必须做国语的文学。"

他在《尝试集》自序里道：

> 我们也知道单有白话未必就能造出新文学；我们也知道新文学必须要有新思想做里子。但是我们认定文学革命须有先后的程序：先要做到文学体裁的大解放，方可以用来做新思想新精神的运输品。
>
> 我们认定白话实在有文学的可能，实在是新文学的唯一利器。(《尝试集》自序)

文学革命是得从"文字体裁的大解放"下手，真是一针见血。胡先生的大功就在他能看出这个"先后的程序"。他和他的朋友们集中力量在这一步上，加上五四运动的影响，两三年间白话文的传播便已有一日千里之势。胡先生所谓"文学"，范围是很广的。他主张"用白话作各种文学"，说："我们有志造新文学的人，都该发誓不用文言作文：无论通信、作诗、译书、作笔记、作报馆文章、编学堂讲义、替死人作墓志、替活人上条陈……都该用白话来做。"这里"文学"和"文"只是一个意义。"用白话作各种文学"也是解放文字体裁的工作。但是一节话中所举的"各种文学"，除作诗和译书外，其实都是应用的文字；这种种文字体裁的解放却远在诗、小说戏剧、小品散文以及长篇议论文之后，直到近年才开始。胡先生自己大体上倒在照他所主张的做着，但就一般社会而论，这部分文体的解放工作须要努力才能完成。

文体的解放究竟只是破坏的工作。胡先生的文学革命论"其实还是破坏的方面最有力"，他自己的评判没有错。但他的"建设的文学革命论"在"建设的"方面"也有一点贡献"：

若要造国语，先须造国语的文学。有了国语的文学，自然有国语。……真正有功效有势力的国语教科书，便是国语的文学，便是国语的小说、诗文、戏本。国语的小说、诗文、戏本通行之日，便是中国国语成立之时。试问我们今日居然能拿起笔来作几篇白话文章，居然能写得出好几百个白话的字，可是从什么白话教科书上学来的吗？可不是从《水浒传》、《西游记》、《红楼梦》、《儒林外史》……等书学来的吗？……我们今日所用的"标准白话"都是这几部白话的文学定下来的。我们今日要想重新规定一种"标准国语"，还须先造无数国语的《水浒传》、《西游记》、《儒林外史》、《红楼梦》。

所以我以为我们提倡新文学的人，尽可不必问今日中国有无标准国语。我们尽可努力去做白话的文学。我们可尽量采用《水浒传》、《西游记》、《儒林外史》、《红楼梦》的白话、有不合今日的用的，便不用它；有不够用的，便用今日的白话补助，有不得不用文言的,便用文言来补助。这样做去,决不愁语言文字不够用,也决不用愁没标准白话。中国将来的新文学用的白话,就是将来中国的标准国语。造中国将来白话文学的人,就是制定标准国语的人。

胡先生说:这篇文章把从前他和陈独秀先生的种种主张归纳到"国语的文学——文学的国语"十个字"其实又只有'国语的文学'五个字。旗帜更明白了,进行也就更顺利了"。这话是不错的,他在破坏的解放字体的工作里安置了制造将来的标准国语基石;这是建设的工作。

他首先指出"我们今日所用的标准白话"是怎样来的。在《文学革命运动》(这是《五十年来中国之文学》的末段,全文见文存二集)里他有更详细的说明:

这五百年之中,流行最广,势力最大,影响最深的书……乃是那几部"言之无文行之最远"的《水浒传》、《三国演义》、《西游记》、《红楼梦》这些小说的流行便是白话的传播;多卖得一部小说,便添得一个白话教员。所以这几百年来,白话知识与技术都传播得很远,超出平常所谓"官话疆域"之外。试看清朝末年南方作白话小说的人,如李伯元是常州人,吴沃尧是广东人,便可以想见白话传播之广远了。……中国国语的写定与传播两方面的大功臣,我们不能不公推这几部伟大的白话小说了。(这种"家喻户晓的水浒,西游文字")确是我们新文学的基础,也是我们的标准国语的基础。但是一个时代的大文学家至多只能把那个时代的现成语言,结晶成文学的著作;他们只能把那个时代的语言的进步,作一个小小的结束;他们是语言进步的产儿,并不是语言进步的原动力。……至于民间日用的白话,正因为文人学者不去干涉，故反能自由变迁，自由进化。(《国语的进化》)自由变迁之中，"却有个条理次序可寻；表面上很像没有道理，其实仔细研究起来，都是有理由的"；"都是改良，都是进化！""白话是古文的进化呢？还是古文学的退化呢？"——这个问题"是国语运动的生死关头！这个问题不能解决，国语文与国语文学的价值便不能确定"。惟其白话是进化的，它的应用的力在不断的增加着，所以"国语的文学"才能成立和发展。胡先生教我们"莫要看轻了那些无量数的'乡曲愚夫，闾巷妇稚'，他们能做那些文学专门名家所不能做又不敢做的革新事业！"那是不错的。可是话说回来，要使国语成为"文学的国语"，还得"那些文学专门名家"努力做去。胡先生教人"努力去做白话的文学"，"尽量采用《水浒传》、《西游记》、《儒林外史》、《红楼梦》的白话"，再用今日的白话和文言来补助。这便是到"文学的国语"的路。但他后来叙述"文学革命运动"，提到直译的方法，严格的尽量保全原文的文法与口气，说"这种译法，近年来很有人仿效，是国语的欧化的一个起点"。他至少不反对"国语的欧化"。到了现在，这已经从"一个起点"发展为一个不可抵抗的趋势，成了到"文学的国语"的一条大路了。

胡先生的文学革命论"只是进化论和实验主义的一种实际应用"(《介绍我自己的思想》)，他的整理国故也"不过是赫胥黎，杜威的思想方法的实际应用"(同上)。他在《新思潮的意义》里道：

现在有许多人自己不懂得国粹是什么东西，却偏要高谈"保存国粹"。这种人如何配谈国粹？若要知道什么是国粹，什么是国渣，先须要用评判的态度，科学的精神，去做一番整理国故的工夫。

他说明整理国故的意义道：整理就是从乱七八糟里面寻出一个条理脉络来；从无头无脑里面寻出一个前因后果来；从胡说谬解里面寻出一个真意义来；从武断迷信里面寻出一个真价值来。为什么要整理呢？因为古代的学术思想向来没有条理没有头绪，没有系统，故第一步是条理系统的整理。因为前人研究古书，很少有历史进化的眼光的，故从来不讲究一种学术的渊源，一种思想的前因后果，所以第二步是要寻出每种学术思想怎样发生，发生之后有什么影响效果。因为前人读古书，除极少数学者以外，大都是以讹传讹的谬说……故第三步是要用科学的方法，作精确的考证，把古人的意义弄得明白清楚。因为前人对于古代的学术思想，有种种武断的成见，有种种可笑的迷信……故第四步是综合三步的研究，各家都还他一个本来真面目，各家都还他一个真价值。

评判的态度，科学精神以及这四个步骤，正是"赫胥黎、杜威的思想的实际应用"。

胡先生说："'国故'这个名词，最为妥当；因为它是一个中立的名词，不含褒贬的意义。'国故'包含'国粹'；但他又包含'国渣'。我们若不了解'国渣'，如何懂得'国粹'？"他道：

"国学"在我们的心眼里，只是"国故学"的缩写。中国的一切过去的文化历史，都是我们的"国故"；研究这一切过去历史文化的学问，就是"国故学"，省称为"国学"。……所以我们现在要扩充国学的领域，包括上下三四十年的过去文化，打破一切的门户成见：拿历史的眼光来整理一切，认清了"国故学"的使命是整理中国一切文化历史，便可以把一切狭陋的门户之见都扫空了。(《国学季刊》发刊宣言，三二〇至三二一面)

又道：

历史是多方面的：单记朝代兴亡固不是历史；单有一宗一派，也不成历史。过去种种，上自思想学术之大，下至一个字，一支山歌之细，都是历史，都属于国学研究的范围。(同上，三二二面)

胡先生用历史的"眼光将整理国故范围扩大了(参看二三五)。他"要教人知道学问是平等的，思想是一贯的"(介绍我自己的思想，二三面引文存三集里的话)。他的"几十万字的小说考证"(介绍我自己的思想，二一面)都是本着这个意思写的。他的中国古代哲学史和白话文学史上卷，固然是划时代的，这些篇旧小说的考证也是划时代的。而将严格的考据方法应用到小说上，胡先生是第一个人。他的收获很多，而开辟了一条新路，功劳尤大。这扩大了也充实了我们的文学史。

这些小说考证的本身价值是不朽的。胡先生在《红楼梦考证》的末尾道：

我自信：这种考证的方法，除了(孟莼荪先生的)《董小宛考》之外，是向来研究《红楼梦》的人不曾用过的。我希望这一点小贡献，能引起大家研究《红楼梦》的兴趣，能把将来

的《红楼梦》研究引上正当的轨道去：打破从前种种穿凿附会的"红学"，创造科学方法的《红楼梦》研究！（四一二面）

这便是这种考证本身的价值。但胡先生更注重"这种考证的方法"，也就是科学方法，他说：

> 少年的朋友们，莫把这些小说考证看作我教你们读小说的文字。这些都只是思想学问的方法的一些例子。在这些文字里，我要读者学得一点科学精神，一点科学态度，一点科学方法。科学精神在于寻求事实，寻求真理。科学态度在于撇开成见，搁起感情，只认得事实，只跟着证据走。科学方法只是"大胆的假设，小心的求证"十个字。没有证据，只可悬而不断；证据不够，只可假设，不可武断；必须等到证实之后，方才奉为定论。（《介绍我自己的思想》二四面）

胡先生的考证文字里创见——"大胆的假设"——颇多，可是真能严格的做到"搁起情感，只认得事实，只跟着证据走"，真能严格的做到"大胆的假设，小心的求证"十个字的，似乎得推这些小说考证为最。他在《红楼梦考证》里道，"自从我第一次发表这篇考证以来，我已经改正了无数大错误了——也许有将来发见新证据后即改正的"（四一二面）。又在"介绍我自己的思想"里举曹雪芹的生卒年代问题作例，说"考证两个年代，经过七年的时间，方才得着证实"（二一至二三面）。这才真是"小心的求证"。这种小说考证，高中学生乍一翻阅，也许觉得深奥些。其实只是生疏些。若能耐心顺次读下去，相信必会迎刃而解，他们终于会得着受用的。

　　胡先生的小说考证还有一个重大的影响，便是古史的讨论。这是二十年来我们学术界一件大事，发难的是顾颉刚先生。胡先生道：

　　　　顾颉刚先生在他的"古史辨"的自序里曾说他从我的"水浒传考证"和"井田辨"等文字里得着历史方法的暗示。这个方法便是用历史演化的眼光来追求每一个传说演变的历程。我考证水浒的故事，包公的传说，狸猫换太子的故事，井田的制度，都用这个方法。顾先生用这方法来研究中国古史，曾有很好的成绩。（《介绍我自己的思想》，二〇面）

　　水浒的故事，包公的传说，狸猫换太子的故事，都是小说考证。顾先生自己承认从这些文字和"井田辨"里得着历史方法的暗示，正见得"学问是平等的，思想是一贯的"。本书选了一篇"古史讨论的读后感"，胡先生说在他的"文存里要算是最精彩的方法论"。"这里面讨论了两个基本方法：一个是用历史演变的眼光来追求传说的演变，一个是用严格的考据方法来评判史料。"（《介绍我自己的思想》，一九至二〇面）这第一个方法便是顾先生"古史辨"自序里所提到的。他用这方法研究中国古史，得到"层累地造成的古史"这个中心的见解。顾先生自己说"层累地造成的古史"有三个意思：

　　一、可以说明时代愈后，传说的古史期愈长。

　　二、可以说明时代愈后传说中的中心人物愈放愈大。

三、我们在这上面,既不能知道某一件事的真确的状况,也可以知道某一件事在传说中的最早状况。

胡先生将他的方法细节总括成下列的方式:

一、把每一件史事的种种传说,依先后出现的次序排列起来。

二、研究这件史事在每一个时代有什么样子的传说。

三、研究这件史事的逐渐演进:由简单变为复杂,由陋野变为雅驯,由地方的(局部的)变为全国的,由神变为人,由神话变为史事,由寓言变为事实。

四、遇可能时,解释每一次演变的原因。

关于第二个基本方法,就是评判史料的方法,这篇文字里举出五项标准。胡先生道:

> 我们对于"证据"的态度是:一切史料都是证据。但史家要问:(一)这种证据是在什么地方寻出的?(二)什么候寻出的?(三)什么人寻出的?(四)依地方和时候上看起来,这个人有做证人的资格吗?(五)这个人虽有证人资格,而他说这句话时有作伪(无心的,或有意的)的可能吗?

研究古史,高中学生的程度是不够的,他们知道这一些轮廓也就行了。

《文学革命运动》写于民国十一年,胡先生这段文字里论到"五年以来白话文学的成绩",指出四个要点。第一是"白话散文很进步了。长篇议论文的进步,那是显而易见的"。他自己的文字便是很显著的例子。他早就"自信颇能用白话作散文"他的自信是不错的。他的散文，特别是长篇议论文，自成一种风格，成就远在他的白话诗之上。他的长篇议论文尤其是白话文的一个大成功。一方面"明白清楚"，一方面"有力能动人"，可以说是"达意达得好，表情表得妙"。胡先生以为达意达得好，表情表得妙"的便是文学。文学有三个要件，一是"懂得性"，便是"明白清楚"；二是"逼人性"，便是"有力能动人"，三是"美"，是前二者"加起来自然发生的结果"。（见《什么是文学》）这个文学的界说也许太广泛些，可是，他的散文做到了他所说的。他在民国七年说过，我们今日所用的"标准白话"都是《水浒传》、《西游记》、《儒林外史》、《红楼梦》几部白话的文学定下来的。他的文字用的就是这种"标准白话"。如"好汉"（《介绍我自己的思想》）"顶天立地的好汉"，"列位"，"一言表过不提"，"一笔表过，且说正文"等旧小说套话，他有时都还用着。但他那些长篇议论文在发展和组织方面，受梁启超先生等的"新文体"的影响极大，而"笔锋常带情感"，更和梁先生有异曲同工之妙。

在《介绍我自己的思想》里，胡先生说他的《易卜生主义》那篇文章"在民国七八年间所以能有最大的兴奋作用和解放作用，也正是因为它所提倡的个人主义在当日确是最新鲜又最需要的一针注射"。这种最大的兴奋作用和解放作用，一方面也由于他那带情感的笔锋。他那笔锋使他的别的文字也常有兴奋的作用，所谓"有力能动人"。他那笔锋是怎样带情感的呢？我们分析他的文字，看出几种他爱用的格调。第一是排语，翻开本书，几乎触目都是的，上面引文里也常见。这里且钞几个例。如《介绍我自己的思想》的最后：

抱着无限的爱和无限的希望，我很诚挚的把这一本书贡献给全国的少年朋友！

又如：

我要教人疑而后信，考而后信，有充分证据而后信。（《介绍我自己的思想》）因为我们从不曾悔过，从不曾彻底痛责自己，从不曾彻底认错。

我这几年来研究欧洲各国国语的历史，没有一种国语不是这样造成的。没有一种国语是教育部的老爷们造成的。没有一种是言语学专门家造成的。没有一种不是文学家造成的。

又如：

诸位，千万不要说"为什么"这三个字是很容易的小事。你打今天起，每做一件事，便问一个为什么——为什么不把辫子剪了？为什么不把大姑娘的小脚放了？为什么大嫂子脸上搽那么多的脂粉？为什么出棺材要用那么多叫花子？为什么娶媳妇也要用那么多叫花子？为什么骂人要骂他的爹妈？为什么这个？为什么那个？——你试办一两天，你就会觉得这三个字的趣味真是无穷无尽，这三个字的功用也无穷无尽。

又如《易卜生主义》里：

这种理想是社会所最忌的。大多数人都骂他是"捣乱分子"，都恨他"扰乱治安"，都说他"大逆不道"；所以他们用大多数的专制威权压制那"捣乱的理想志士，不许他开口，不许他行动自由；把他关到监牢里，把他赶出境去，把他杀了，把他钉在十字架上活活的钉死，把他捆在柴草上活活烧死。

排语连续地用同样的词和同样的句式，藉着复沓与均齐加急语气，加强语气，兴奋读者的情感。

第二是对称。上面所钞《新生活》一段，可以作例。此外如：

但是列位仔细想想便可明白了。

你们嫌我用"圣人"一个字吗？

他（指"假设"）若不来时，随你怎样搔头抓耳，挖尽心血，都不中用。

又如：

有人对你说，"人生如梦"。就算是一场梦罢，可是你只有这一个做梦的机会，岂可不振作一番，做一个痛痛快快轰轰烈烈的梦？

有人对你说，"人生如戏"。就说是做戏罢，可是，吴稚晖先生说得好，"这唱的是义务戏，自己要好看才唱的；谁便无端的自己扮做跑龙套，辛苦的出台，这算做没有呢？"

其实人生不是梦，也不是戏，是一件最严重的事实。你种谷子，便有人充饥；你种树，便有人砍柴，便有人乘凉；你拆烂污，便有人遭瘟，你放野火，便有人烧死。你种瓜便得瓜，种豆便得豆，种荆棘便得荆棘。

少年的朋友们，你爱种什么？你能种什么？（《介绍我自己的思想》）

末一节不但用对称，并且同时在用排语。又如上文引过的"自从这个'拿证据来'的喊声传出以后"一语中的"拿证据来"也是对称，不过用法变化罢了。对称有如面谈，语气亲切，也是诉诸读者的情感的。

第三是严词。古语道，"嫉恶如仇"，严词正是因为深嫉的缘故。如：

自由平等的国家不是一群奴才建造得起来的（《介绍我自己的思想》）。

这样又愚又懒民族，成了一分像人九分像鬼的不长进民族（同上）。

空谈好听的"主义"是极容易的事，是阿猫阿狗都能做的事，是鹦鹉和留声机器都能做的事。

又如：

坐禅主敬，不过造成许多"四体不勤，五谷不分"的废物！

《晋书》说王衍少时，山涛称赞他道，"何物老妪，生宁馨儿！"后来不通的文人把"宁馨"当作一个古典用，以为很"雅"很"美"。其实"宁馨"即是现在苏州上海人的"那哼"。但是这班不通的文人一定说"那哼"就鄙俗可嗥了！

和严词相近的是故甚其词。故甚其词，惟恐言之不尽，为的是表达自己深切的信仰。如：

> 至于钱（静方）先生说的纳兰性德的夫人即是黛玉，似乎更不能成立。……
> 钱先生引他（成德）的悼亡词来附会黛玉，其实这种悼亡的诗词在中国旧文学里，何止几千首？况且大致都是千篇一律的东西。若几首悼亡词可以附会林黛玉，林黛玉真要成"人尽可夫"了！

这是不信。又如：

> 我到了哈尔滨。在此地我得了一个绝大的发现：我发现了东西文明的交界点。
> ……………
> 我到了哈尔滨，看了"道里"与"道外"的区别，忍不住叹口气，自己想道：这不是东方文明与西方文明的交界点吗？东西洋文明的界线只是人力车文明与摩托车文明的界线——这是我的一大发现。
> 我们当此时候，不能不感谢那发明蒸汽机的大圣人，不

能不感谢那发明电力的大圣人,不能不祝福那制作汽船汽车的大圣人。……你们嫌我用"圣人"一个字吗?孔夫子不是说过吗?"制而用之谓之器。利用出入,民咸用之,谓之神。"孔老先生还嫌"圣"字不够,他简直要尊他们为"神"呢!

这些是信仰。为了强调这些信仰,所以"忍不住"故甚其词——后一节同时在用排语。还有:

> 我们可以大胆地宣言:西洋近代文明绝不轻视人类的精神上的要求。我们还可以大胆地进一步说西洋近代文明能够满足人类心灵上的要求的程度,远非东洋旧文明所能梦见。
>
> 我可以武断地说:美国是不会有社会革命的,因为美国天天在社会革命之中。
>
> 这些信仰,胡先生是有充分证据的。他用"大胆地""武断地",只是为了强调他的信仰。他仿佛在说:"即使你们觉得我的证据不充分,我还是信仰这些。"

胡先生在运用带情感的笔锋,却不教情感朦胧了理智,这是难能可贵的。读他的文字的人往往不很觉得他那笔锋,却只跟着他"明白清楚"的思路走。他能驾驭情感,使情感只帮助他的思路而不至于跑野马。但他还另有些格调,足以帮助他的文字的明白清楚。如比喻就是的。比喻是举彼明此,因所知见所不知,可以诉诸理智,也可以诉诸感情。胡先生用的比喻差不多都是前者。例如:

科学家明知真理无穷，知识无穷，但他们仍然有他们的满足：进一寸有一寸的愉快，进一尺有一尺的满足。

这种种过去的"小我"，和种种现在的"小我"，和种种将来无穷的"小我"，一代传一代，一点加一滴；一线相传，连绵不断；一水奔流，滔滔不绝：这便是一个"大我"。

又如《易卜生主义》里：

社会国家是时刻变迁的，所以不能指定那一种方法是救世的良药：十年前用补药，十年后或者须用泄药了，十年前用凉药，十年后或者须用热药了。

这些同时在用排语。又如：

真理是深藏在事物之中的；你不去寻求探讨，他决不会露面⋯⋯"自然"是一个最狡猾的妖魔，只有敲打逼拶可以逼他吐露真情。

考证的方法好有一比，比现今的法官判案，他坐在堂上静听两造的律师把证据都呈上来了，他提起笔来，宣判道：某一造的证据不充足，胜诉了；某一造的证据充足，胜诉了。他的职务只在评判现成的证据，他不能跳出现成的证据之外。实验的方法也有一比，比那侦探小说里的福尔摩斯访案：他必须改装微行，出外探险，造出种种机会来，使罪人不能不呈献真凭实据。他可以不动笔，但他不能不动手动脚，去创造那逼出证据的境地与机会。

又如：

> 到现在他（指人）居然能叫电气给他赶车，以太给他送
信了。

这也同时在用排语。以上三例都是有趣味的比喻。还有
《易卜生主义》里：

> 社会对个人道："你们顺我者生，逆我者死；顺我者有
赏，逆我者有罚。"

这是将"社会"人化，也是一种比喻。这种种比喻虽也诉诸
情感，但主要的作用还在说明。其实胡先生所用的种种增强情
感的格调，主要的作用都在说明，不过比喻这一项更显而易见
罢了。

文字的"明白清楚"，主要的还靠条理。条理是思想的序秩。
条理分明，读者才容易懂，才能跟着走。长篇议论文更得首尾一
贯，最忌的是"朽索驭六马，游骑无归期"。胡先生的文字大都分
项或分段；间架定了，自然不致大走样子。但各项各段得有机的
联系着，逻辑的联系着，不然还是难免散漫支离的毛病。胡先生
的文字一方面纲举目张，一方面又首尾连贯，确可以作长篇议论
文的范本。有些复杂的题材，条理不但得分明，还得严密，那就
更需要组织的力量。本书中如《问题与主义》（二），《新思潮的意

义》、《我们对于西洋近代文明的态度》、《红楼梦考证》及《附录》，都头绪纷繁，可是写来条分缕析，丝毫不乱，当得起"严密"两个字。长篇议论文的结尾，最应注重，有时得提纲挈领，总括全篇，给读者一个简要的观念，帮助他的了解和记忆。如《不朽》的末尾说，"以我个人看来，这种'社会的不朽'观念很可以做我的宗教了"。接着道：

> 我的宗教的教旨是：
> 我这个现在的"小我"，对于那永远不朽的"大我"的无穷过去，须负重大的责任，对于那永远不朽的"大我"的无穷未来，也须负重大的责任。我须要时时想着，我应该如何努力利用现在的"小我"，方才可以不辜负了那"大我"的无穷过去，方才可以不贻害那"大我"的无穷未来？

又如《新思潮的意义》的结尾：

> 这是这几年新思潮运动的大教训！我希望新思潮的领袖人物以后能了解这个教训，能把全副精力贯注到研究问题上去；能把一切学理不看作天经地义，但看作研究问题的参考材料；能把一切学理应用 到我们自己的种种切要问题上去；能在研究问题上面做输入学理的工夫；能用研究问题的工夫来提倡研究问题的态度，来养成研究问题的人才。
> 这是我对于新思潮运动的解释。这也是我对于新思潮将来的趋向的希望。

《易卜生主义》的结尾最为特别：

> 他（易卜生）仿佛说道："人的身体全靠血里面有无量数的白血轮时时刻刻与人身的病菌开战，把一切病菌扑灭干净，方才可使身体健全，精神充足。社会国家的健康也全靠社会中有许多永不知足，永不满意，时刻与罪恶分子蟊蠈分子宣战的白血轮，方才有改良进步的希望。我们若要保卫社会的健康，须要使社会时时刻刻有斯铎曼医生一般的白血轮分子，但使社会常有这种白血轮精神，社会决没有不改良进步的道理。"

接着还引译了易卜生给朋友的信里的一节话，说社会的少数人"总是向前去"，多数人总是赶不上。这更是好整以暇，笔有余妍了。

有人说胡先生太注重"明白清楚"，有时不免牺牲了精细和确切，说他有时不免忽略了那些虽然麻烦却有关系的材料或证据。即如《易卜生主义》那篇，在民国七八年间虽曾"有最大的兴奋作用和解放作用"，后来却就有人觉得粗浅了。他有一些整理国故的文字，有人觉得也不免粗浅的地方。胡先生是文学革命和思想革命的领袖，他的文字不能不注重宣传的作用，他偏重"懂得性"，也是当然。他的文字可没有一般宣传的叫嚣气；他的议论，他的说明都透澈而干脆，没有一点渣滓。——他所谓"长篇议论文"包括说明文而言——就是这些，尽够青年学生的。况且精细确切的文字，胡先生也常有，上节所举《问题与主义》（二）等四篇便是的，而《红楼梦考证》及《附录》更见如此。高中学生学习议论文和说明文，自然该从条理入手。比喻也练习。至于那些增强情感的格调，用时却得斟酌。大概排语不妨随便用，只要不太多不太板就成。胡先生用对称，虽是为了亲切，却带着教训的口气。青年学生用不到教训的口气，只消就亲切上着眼。但得留意，对称也容易带轻佻的口气，轻佻就失了文格了。故甚其词可以用，但得配合上下文的语气，才觉自然，严词能够不用最好；胡先生的严词有时也还不免有太过的地方。——这些年很有些人攻击胡先生的思想，青年学生以耳代目，便不大去读他的书。这不算"一个不受人惑的人"。胡先生说过：

就是那些反对白话文学的人，我也奉劝他们用白话来做文字。为什么呢？因为他们若不能做白话文字，便不配反对白话文学。

这是《评判的态度》。青年学生若不用胡先生的书，也不配反对他的思想。况且就是反对他的思想，他的文字也还是值得学的。无论赞成胡先生的思想的也罢，反对他的也罢，我们奉劝高中学生先平心静气的细读这本书。

《爱的教育》读法指导大概

本书初版,在民国十五年发行。过了十多年,又经译者修改过一遍,把一些带有翻译调子的语句改得近乎通常的口语,其他选词造句方面也有修润,这便是修正本。现在买得到的,大概是修正本;所以本篇指称页面和引用原文,都依据着它。修正本有几处显然排错的地方,先在这里提出一下,诸位同学可以改正了再看。第30页第8行"母亲"该是"父亲";这"我的母亲"一节,所记的话完全是父亲说的。第272页第11行下方漏掉"父亲"两字,这"格里勃尔第将军"一节也完全是父亲的话;照本书的格式,凡是记录父亲、母亲或姊姊的整篇的话,都低一格写,这一节没有低一格,也是错误。第275页第8行下方也漏掉"父亲"两字;这"意大利"一节也该低一格写。第297页第10行下方漏掉"母亲"两字,看"母亲的末后一页"这个题目便可以知道。

本书命名的来历,看卷首"译者序言"便能明白。原作者亚米契斯的生平,可看卷首"作者传略"。这是作者作品中间销行最广的一部书;在意大利儿童读物中间,也算是最普遍的。意大利为什么会产生这样一部书?意大利人又为什么欢迎这样一部书?都和意大利当时的社会情形、政治情形有关系。关于意大利当时的社会情形、政治情形，现在先约略说一说，使诸位同学对于本书的立意可以多一点了解。本书中有少数几节是关涉到意大利的历史的，也必须略知意大利的情形，读下去才不至于茫无头绪。

欧洲各国打败了法国的拿破仑（公元1815年）之后，三十多年间，奥地利的势力最为强盛，由首相梅特涅掌握大权，在国际间占着主人翁的地位。当时各国因受美国独立（公元1776年）和法国革命（公元1789年）的影响，民权思想已很普遍；一班新党对于梅特涅领导下的社会，政治制度很不满意，都想起来革命。且说意大利，其时绝对没有政治上的统一，各邦的君主都依附着奥地利，把旧时的种种苛政恢复过来。这使爱国志士非常痛心，便有许多秘密团体组织起来，从事革命运动。"烧炭党"是其中最有名而且最有力量的一个。但因奥地利派遣军队到来，革命运动暂时被镇压下去了。这是公元1820年到1821年间的事。到了公元1848年，奥地利民众起来革命，把梅特涅赶走。意大利人闻风响应，强迫撒地尼亚王查理阿尔柏特出任反抗奥地利的领袖，想把奥地利的势力完全驱逐出境。但战争失败了，不得已与奥地利订立停战条约，把军队退出业已取还的隆巴尔地。下一年春天，意大利各地的民权运动盛极一时；撒地尼亚的民主党人重整旗鼓，用武力驱逐奥地利人。但这运动不久又失败了。于是查理阿尔柏特让位于他的儿子维多利亚爱马努爱列二世。维多利亚爱马努爱列二世得到三个人的帮助，终于在公元1861年成立了统一的意大利王国。那三个人便是加富尔、马志尼和加里波的。

加富尔是现代欧洲史上一个伟大的政治家，向来反对专制政体,羡慕英国的国会制度。他长于解决实际问题,不肯只凭理想。自从任了首相以后,极得爱马努爱列二世的信任,他便专心致志于发展国内的富源,提倡教育的普及,改良军队的组织。因此之故,撒地尼亚不久就成为一个富强而且开明的国家,一方面足以驱逐奥地利人,另一方面足以吸引国内其他各邦的倾慕。内政上既有相当成效,又从事外交上的工作,联络英法两国。结果得到法国拿破仑三世的援助,在公元1859年,意法两国联军把奥地利人打得大败。

马志尼是意大利当时革命党人中间最有名的一个。他原是个文学家,曾经加入烧炭党。后来看见烧炭党人大都口是心非,大不满意,便另行组织一个"少年意大利党"。这个党的潜势力非常之大,使国内人才在精神上集合拢来。他们和当时各国的革命党人一样,不但抱持民权主义,且也抱持民族主义;以爱国、爱民族为高于忠君的美德,以全国民众大团结为非实现不可的目标,他们要建设一个统一的民族的国家。爱马努爱列二世和加富尔所以能够成功,实在得力于马志尼所领导的"少年意大利党人"为多。

加里波的是个军事天才。他早年就从事革命工作,屡次失败,逃往国外,常常往来于南北美洲。公元1859年,撒地尼亚和奥地利战争,他才回国加入军队服务。下一年,意大利中部各地并入撒地尼亚王国;南部的西西里人也起来背叛西班牙方面的波旁族的统治势力。加里波的便乘机统率他的红衣志愿军一千人,由热那亚南下援助,不到三个月工夫,就把西西里岛征服。于是再渡海登陆,把那不勒斯王赶走。由西西里王国的人民公决把本国领土并入撒地尼亚王国。其年11月间,加里波的和爱马努爱列二世并辔进那不勒斯城,沿路人民无不欢声雷动。

公元 1861 年 2 月,意大利统一后的国会,在首都丘林,开第一次会议,议决以意大利国王的尊号上给爱马努爱列二世。现代的意大利王国于是正式成立。自从对奥战争到这时候,仅有两年的短时间,一般都认为是现代世界史上少见的伟绩。到了公元 1866 年,普鲁士奥地利两国战争;意大利得到普鲁士的援助,乘机向奥地利收回威尼西亚地方。公元 1870 年,法国拿破仑三世因屡次败于普鲁士,把驻防罗马城的法国兵士召回;意大利又乘机进占罗马城。于是意大利半岛完全统一,首都也从丘林迁到了罗马。

诸位同学手头如果有世界地图,最好翻出来,看一看意大利的形势。

从前面所说的意大利建国略史,可以知道作者所处的是怎样一个时代。本书中充满着爱国、爱民族的情绪,对于教育,对于军事,都极端推崇,几乎到了虔敬的地步;这正是所谓时代精神的表现,何况如"作者传略"里所引"近代意大利文学"的话,他"自称为马志尼的弟子,他的信仰,他的癖性,都属于马志尼派"。本书初版出于何年,不得而知。但据第四卷《维多利亚爱马努爱列王的大葬》二节,可知本书是从公元 1881 年 10 月记起,到公元 1882 年 7 月为止(爱马努爱列二世死于公元 1878 年,这一节里说"四年前今日"国王大葬,可证其年是公元 1882 年)。假定本书的撰作就在这年(其年作者 37 岁),这以后正是意大利人从奋斗中得到满足,意兴非常发皇的一段时期,说到爱国、爱民族,主张教师神圣、军人神圣,谁又不心中激动,五体投地? 这便是本书所以受普遍欢迎的缘由了。

本书内容是一个小学生在校一学年，共十个月的日记。那个小学生名叫安利柯；父亲亚尔培脱勃谛尼，是个技师。日记并不是每天都记；最多的是二月，记了十三节；最少的是七月，只有四节；十个月共一百节。除了最后一个月（七月），九个月中都有一篇《每月例话》，是教师讲给学生听的关于高尚的少年的故事，由学生笔记下来的。《每月例话》用的旁叙法；就是说，作者但作客观的叙述，自己并不在文中露脸。《每月例话》以外各节，如通常日记一样，用的自叙法；就是说，所叙思想情感都是属于安利柯的，所闻所见都是通过了安利柯之耳目的。后一节和前一节，往往互相联系，使读者不觉得突兀。如第一节《始业日》叙述换了个新先生，结尾说"学校也不如以前的有趣味了"；第二节《我们的先生》使用"从今天起，现在的先生也可爱起来了"开头，描写新先生的性态，记载新先生的谈话，便是一例。

这一学年的日记不专记学校生活，也有校外的种种故事，个人的，家庭的，乃至社会的，总之以安利柯为线索。除安利柯是主人公以外，属于家庭的，有安利柯的父亲、母亲和姊姊；属于学校的，有男教师、女教师和同学，都在书中担任重要角色。对于父亲、母亲和姊姊，并不特别提叙，只是涉及他们的处所，描写他们的性格和姿态。对于男教师，第一卷的《我们的先生》和第二卷的《校长先生》两节是提叙；全校八位男教师都讲到了，而特别详于安利柯那一级的教师和校长先生。对于女教师，第一卷的《我的女先生》、第二卷的《弟弟的女先生》和第三卷的《女教师》三节是提叙。对于同学，第一卷的《同窗朋友》一节是提叙；一级中间共有五十五个学生，而这一节里只叙了十五个，以后提到的就是这十五个（还有一个在第一卷《灾难》一节里叙及的因救人而受伤的洛佩谛）。以上所说提叙的几节都须仔细看，把各人的大概情形记住，看下去才不至于搅不清楚。书中在提叙的时候，不一定把其人名字点明，以后再行提到时名字方才出现；如《同窗朋友》一节里只说"有一个小孩绰号叫做'小石匠'的"，那个小孩名叫安东尼阿拉勒柯，要看了第三卷《小石匠》一节才知道：这一层也须注意。

仔细看过提叙的几节，你就对于书中的重要角色有个扼要的印象了；于是一节节读下去，可以看他们种种的活动。那种种的活动，犹如一把刻刀在你的心上一回又一回的刻着，使你对于他们的性格和姿态，印象越来越深。原来作者先想定了这么些人物，他们的性格和姿态，都宛然如在目前，然后下笔；所以能够前后一贯，在读者心上留下深刻的印象。在有些长篇小说里，人物的性格态度往往有转变，前后不尽一样；其所以转变的因素，在外的是环境，在内的是心理，环境和心理有移动，性态自也转变。本书的体裁虽是日记，实际也是一部长篇小说，人物的性态却是很少转变的；只有泼来可西的父亲，那个铁匠，先是虐待儿子，习惯不良，自从儿子得了奖赏（第五卷《赏牌授与》），他的脾气改好了，和以前竟如两人，是个显著的例外。这因为本书所叙，时间仅占十个月，不能算长，在这十个月中间，安利柯和一班同学，所处的环境无非平静的丘林地方的学校、家庭和社会，他们心理上虽不能说绝无移动，但还不至于使性态有显然的转变的缘故。知道了这一层，便可以明白本书和前面提及的有些长篇小说不同：那些小说描写人物的性态，打个譬喻说，是沿着一条线进展的；而本书却注重在性态的某几点，并不注重在进展。

一个人的性态不容易一下子描写尽致,所以分开几处写;在不同的事件和场合上,把性态的某几点再三刻画,于是性态不是平面的而是立体的了。

本书为什么以技师的儿子安利柯为主人公?这有可以说的。像技师一类人物,在社会上属于所谓中层阶级,不如富贵之家那样占有特殊地位,也不如劳苦之家那样处处逊人一筹。从所受的教育和生活的经验上,他们最深切感到爱国、爱民族的必要(主张革命维新的人大多出于中层阶级);其他公民道德方面,也是他们知道得多,实践得多。作者写作本书,根本意旨在教训小学生乃至一般人;其教训的内容是中层阶级的爱国、爱民族的思想,以及种种公民道德。这惟有用一个中层阶级的儿童作主人公,让他应付各事,就在叙述各事的时候,把教训传达出来,最为方便。还有许多在故事中没有传达得尽的教训,也可以借指导的口吻,径直的发挥一阵;所以本书各节,除了叙事而外,特别有"记言"一体,专记父亲、母亲和姊姊的教训。大凡教训人家;不宜摆起教训的架子来;说个故事,谈阵闲天,使人家自能悟出其中所含的教训,不但悟出而已,且能深深感动,这是最高妙的。径直的发挥一阵,是摆起教训的架子来了,效果要差一点。本书虽用记言体,而并不多用(占全书五分之一不到一点),其故在此。记言的各节都与故事密切关联,仿佛就是故事之中的一部分,靠这办法,直接教训的气味也就减轻不少。

《译者序言》里说:"书中叙述亲子之爱,师友之情,朋友之谊,乡国之感,社会之同情,都已近于理想的世界;虽是幻影,使人读了觉到理想世界的情味。以为世间要如此才好。"这差不多说本书的写法属于理想一派,并非写实一派。大概从教训的动机写下来的东西,不能没有"要如此才好"的意味,一有这个,自然入于理想一派。但本书叙述各人的思想行动,都切近人情,事实上未必尽有,而人情上可能有;描写人貌物态,又根据细密的观察和深入的体会;所以能像写实一派的作品一样,给人一种亲切之感。

"阅读本书的时候,可就全书一百节顺次在题目上加个数目。这样,深究起来就方便多了。譬如,你把涉及卡隆的各节的节数都记下来,第二回汇看那九节,就可以看出卡隆的性态的整个,以及作者用什么方法描写卡隆的性态。又如,你把涉及可莱谛、泼来西可、克洛西等家庭状况的各节的节数都记下来,第二回汇看那几节,就可以看出中层阶级的安利柯对那些家庭作何感想,以及作者所表现的家庭给予儿童的影响又是怎样。又如,你把有关舍己助人的各节的节数都记下来,第二回汇看那几节,就可以看出作者心目中的义勇观念是怎样,又可以推求那种义勇观念的动机是什么。你要研究作者怎样描写人情,摹状物态,都可以用这样方法;那是说不尽的。记下节数的时候,如果顺便记下阅读当时的印象或意见,自然更好。把零星的印象或意见汇集拢来,你的深究就有了凭藉,有了线索,决不至于全不着拍了。"

本书原名 Coure,这个意大利字是"心"的意思。"心"字的确可以统摄本书;书中人物不少,故事很多,人与人之间有各各不同的关系,但无非相感以"心",相爱以"心"的具体例子。单说个"心"字还不免笼统;若说得精切些,作者在本书中所表现的乃是"善推的心"。什么叫做"推"?就是推己及人,推近及远。书中人物的见解和行动都差不多从"推"字出发。如父亲给予安利柯的教训：勉励他勤学，从全世界的儿童如果停止了求学的活动，人类就将退回野蛮的状态着想（第一卷《学校》）；教他同情穷苦的人，以丐妇不得人帮助时的难过心情着想（第二卷《贫民》）；教他敬爱教师，以意大利五万小学教师，为国民的进步、发达而劳动着想（第三卷《感恩》）；给他说明爱的理由，以国人的血统、祖墓、语言、文字、人物、环境都是属于意大利的，彼此构成个不可分的整体着想（第四卷《爱国》）；都是显著的例。又如，校长要鼓励学生向军队致感，向军旗致敬，便说军队之中，意大利各处的人都有一意说这便是意大利全国人的缩影，足见全国人都热烈的保卫国家；旗还是 1844 年当时的旗，为了国家，其下曾战死了不知多少的人（第二卷《兵士》）。安利柯看见曾为罪犯的人叫住了代洛西，问代洛西为什么爱护他的儿子（克洛西），其时代洛西脸红得像火一样，没有回答；安利柯便想象代洛西心中要说的话道："我的爱他，因他不幸的缘故；又因为他父亲是不幸的人，是忠实地偿了罪的人，是有真心的人的缘故。"（第六卷《七十八号的犯人》）这些见解，也从"推"字而来，与安利柯的父亲颇相一致。至于人物的行动，凡读过本书的人，该会注意到书中特多关于体贴人情的描写。体贴人情，就是："己所弗欲，勿施于人"，反过来，就是：他人所愿欲的，务须努力使他满足，他人的满足，也就是自己的满足。若不是"善推"，就不会有那种行动。安利柯跟了母亲去布施贫民，发觉那人家的儿子是自己的同学（克洛西），轻轻的告诉了母亲；母亲就教他不要作声，说："如果他觉到自己的母亲受朋友的布施，多少难为情呢！"（第一卷《贫民窟》）"小石匠"访问安利柯把衣上沾着的白粉沾在椅背上，安利柯想用手去拍，被父亲按住了手；过了一会儿，父亲却偷偷的把它拭去了；事后父亲说明道："在朋友面前如果扑了，那就无异于骂他说：'你为甚么把这弄龌龊了？'"（第三卷《小石匠》）代洛西去探访害着重病的"小石匠"，把新近得到的挂在胸前的赏牌取下，放入袋里；同去的安利柯问他为什么，他说："他自己也不知道，总觉得还是不挂的好。"（第六卷《病床中的小石匠》）卡隆新遭母丧。那一天放学的时候，安利柯看见母亲来了，就跑过去想求抚抱，母亲却把他推开；他起初莫名其妙，及见卡隆的悲哀孤独的神情，才领悟出了母亲推开他的缘故（第七卷《卡隆的母亲》）。这些例子，都是属于"己所弗欲，勿施于人"一类的。可莱谛当安利柯往访的时候，忙着用锯截柴，说要在父亲回家以前把柴锯完，使父亲见了欢喜（第二卷《朋友可莱谛》）。卡洛斐掷雪球，误伤了一个老人的眼睛，他去探访那老人，把自己费尽心血，搜集而成的邮票帖送给他，作为礼物；后来那老人把邮票帖送还卡洛斐，并且加黏了三张瓜地玛拉的邮票，那是卡洛斐搜求了三个月还没有得到的（第三卷《坚忍心》）。泼来可西来到安利柯家里，在安利柯的玩具中间，很像特别中意那小火车，安利柯心想把小火车赠他，父亲也示意于安利柯，要他赠他；于是泼来可西带了那小火车回去（第五卷"玩具的火车"）。安利柯和姊姊闻知家里要没有钱了，大家愿意牺牲，特地向母亲说明，先前答应他们购买的扇子和颜料盒都不要了，可是第二天早晨就餐时候，安利柯的食巾下面藏着新买的颜料盒，姊姊的食巾下面藏着新买的扇子（第八卷《牺牲》）。这些例子，都是属于"以他人的满足为满足"一类的。以上不过随便举出，使诸位同学对于所谓"善推的心"有个明晰的观念。这种例子多的很，不能也不必尽举。本书作者把这种"善推的心"赋予书中的人物，编成许多故事，以传达他的教训。爱父母，爱师，爱朋友，爱军人，爱劳动者，爱穷苦的人，爱残废的人，爱死了的人，爱学校，爱社会，爱国家民族，伦理方面的许多项目差不多都提到了。因为一切的爱都出于"推"，"推"根本就是感觉和情绪方面的事儿，所以本书对于一切现象，多从感觉和情绪方面发挥，很少用剖析之笔。有一类小说用了剖析之笔写故事，在故事的背后，往往隐伏着关于人生、社会的问题，待读者自己去解答。本书并不属于那一类；它注重在引起读者的感觉和情绪，以"善推的心"感染读者。

　　试举一个例子。克洛西的父亲的故事，见于第五卷《囚犯》和第六卷《七十八号的犯人》两节。那人是个细木工，因为主人虐待他，发起火来，把刨子掷过去，误中了主人的头部，主人致命，于是犯了罪。他被禁在监狱中六年，才得释放出来。若用剖析之笔，他被虐待当时的愤怒心情，以及在监狱中六年心情上的变动，多少要刻画一点。但本书并不刻画，对于他的犯罪，只说"与其说他是恶人，毋宁说他是个不幸者"；对于监狱生活给予他的影响，只说"学问进步，性情因以变好，已觉悟自己的罪过，自己痛悔了"；都是寻常的述说。而于一个墨水瓶的赠与，却费了许多笔墨，成为"囚犯"一节的中心。原来作者意在藉此一事，引起读者感恩的情绪和同情于罪犯的情绪。那人的性情，以前是否完全不好？到出狱时候知道感恩，是否由于监狱把他改好了？这些是作者不想去剖析的。作者又写代洛西发觉了克洛西的父亲是罪犯，就要安利柯务守秘密，不要让克洛西知道；及安利柯和代洛西看见了那父亲，两人和克洛西告别，都把手托在颐下，又写道："克洛西的父亲虽亲切的看着我们，脸上却呈露出若干不安和疑惑的影子来，我们自己觉得好像胸里正在浇着冷水"；

后来又遇见了,那父亲问代洛西为什么那样爱护他的儿子,代洛西没有回答,安利柯解释其故道:"大约是因眼见着曾杀过人,曾住过六年监牢的犯人,心里不免恐惧了罢";最后,"克洛西的父亲走近拢去,想用腕勾住代洛西的项颈,终于不敢这样,只是把手指插入那黄金色的头发里抚摸了一会儿,又眼泪汪汪地对着代洛西,将自己的手放在口上接吻,其意好像在说,这接吻是给你的"。这些都是告诉读者一种感觉:普通人和罪犯之间,心理上总存着一条界限:一方面虽具有十二分同情,但"心里不免恐惧";另一方面虽"已觉悟自己的罪过",但不敢去勾住同情于他的人的项颈。这条界限从何而来?是不是在感觉上可以撤除?也是作者不想去剖析的。

从感觉和情绪方面发挥,可以说是本书的根本手法。父亲、母亲的直接教训如此;安利柯记他的经历见闻如此;插进去的九节《每月例话》也如此。如写卡隆的正直:如果有人说他说谎,"他立刻火冒起来,眼睛发红,一拳打下来,可以击得椅子破"。写女先生的辛苦:既已费尽心力对付学生,"学生的母亲还要来说不平:甚么'先生,我儿子的钢笔头为甚么不见的'?甚么'我的儿子一些都不进步,究竟为甚么'?甚么'我的儿子成绩那样的好,为什么得不到赏牌'?甚么'我们配罗的裤子,被钉穿破了,你为甚么不把那钉去了的'"?写校长的终于不愿放弃教育事业:当他要辞职踌躇未决的时候,忽有一个人领了孩子来请许转学,校长把那孩子的脸和桌上的亡儿的照片比较打量了好久,说了一声"可以的",随后就把预备好的辞职书撕了。写父亲的体贴人情:当安利柯想拍去"小石匠"沾在椅背上的白粉的时候,"不知为了甚么,忽然父亲抑住我的手,过了一会儿,父亲自己却偷偷的把它拭了"。写代洛西的熟悉地理:他闭了眼讲给朋友听道:"我现在眼前好像看见全意大利。那里有亚配那英山脉突出爱盎尼安海中,河水在这里那里流着,有白色的都会,有湾,有青的内海,有绿色的群岛。"写斯带地的镇静:当他打胜了欺侮他妹子的勿兰谛之后,检点书包里的书册笔记簿,用衣袖拂过,又数一数钢笔的数目,放好了,然后像平常的态度,向妹子说:"快回去罢!我还有一题算术没有演出哩!"以上所举,都就感觉着笔,使读者如闻其声,如见其态。

又如教师请学生各给他一颗真心,说:"我现在并不是想你们用口来答应我,我确已知道你们已在心里答应我'背的'了。"教师给全班学生介绍格拉勃利亚的小孩,说格拉勃利亚是名所,是名人的出生地,是产生强健的劳动者和勇敢的军人的地方,又是风景之区。泼来可西明明是常被父亲打的,当同学劝他告诉校长,请校长替他向父亲劝说的时候,他却"跳立起来,红着脸,战抖了怒声说:'这是没有的事父亲是不打我的!'"勿兰谛因为不守校规,被斥退了;他的母亲跑到学校里,哭着向教师恳求道:"我为了这孩子,不知受了多少苦楚!如果先生知道,必能怜悯我罢。对不起!我怕不能久活了,先生!死是早已预备了的,但总想见了这孩子改好以后才死。"街上抬过受伤的劳动者,勿兰谛挤在人群中闲看。一个绅士怒目向着勿兰谛,用手杖把他的帽子打落在地上,说:"除去帽子!蠢货!因劳动而负伤的人正在通过哩!"以上所举,都就情绪着笔,是情绪的喷吐;多少有些压迫的力量,使读者不得不被它感动。

本书中有好些节,叙写兼注于感觉和情绪两方面,对某一题旨造成一种空气,把读者包围在那空气中间。现在举两节为例。

一是第六卷《赏品授与式》一节。其中写授与赏品的会场,写参与该会的各色人物,写七百个小孩的合唱,写代表意大利全国十二区的少年的登台受赏,写乐队的奏乐,写满场观众的喝彩和抛掷花朵,都是从感觉方面把一个规模盛大,精神奋发的集会烘托出来,使读者的"耳目之官"仿佛亲自接受到那些感觉。接受赏品的少年是十二个,是代表意大利全国十二区的,这在读者已经知道了;而在十二个少年上了台,一列排立的时候,忽然场中有人叫喊:"请看意大利的气象!"虽只是一句话,其中蕴蓄着多少爱国的情绪啊!读者读到这一句,想到国家的前途系于少年,想到全国各区少年齐集在一起所含的象征意义,更想到其他,他虽不是意大利人,对于他自己的国家,必将深深的爱着了。给赏之后,判事演说;演说辞不全记,只记末了几句:"但是,你们要在离开这里以前,对于为你们费了非常劳力的人们,应该致谢!有为你们尽了全心力的,为你们而生存,为你们而死亡的许多人哩!这许多人现在那里?你们看!"这几句话蕴蓄着多少敬师的情绪啊!读者读到这里,对于通常认为卑卑不足道的小学教师,必将另有个看法:他们是关系国家前途的少年们的教导者,他们是神圣的。"请看意大利的气象"那句话虽只由一个人叫喊出来,敬师的几句话虽只是判事个人的演说,但从会场的热烈情形上,很可以想见他们二人实在吐出了全场人的心声。若没有热烈情形的描写,他们二人的话是无法安插的,写了下来也是没有效果的。惟其兼注于感觉情绪两方面,如上所说,其结果乃造成一种空气,表达出爱国的题旨(敬师也为的爱国)。又一例是第八卷《诗》一节。那是父亲的教训,题旨是学校生活的情味好像诗。篇中随举从教室里传出来的教师讲话的片段,又从静的瞬间写,说"静得像这大屋中已无一人一样"，更从动的瞬间写，说"小孩们从教室门口水也似的向大门泻出"，又随举学生家属见着他们孩子时问话的片段：这些是人人经验过的对于学校的感觉。把这些综合起来，加上想象，于是教师的热情教育，家属的殷勤期望，那一批孩子当前的生意蓬勃，将来的未可限量，都宛然如在目前。想象到这些，爱学校的情绪自然引起来了；学校不仅是许多孩子与若干教师聚集的场所，而是一首充溢着生命的诗，其精神的美，永远值得歌咏赞叹。——这一节就文字上看固然专从感觉方面着笔，但所写感觉都有唤起情绪的作用，所以也是感觉和情绪双方兼注。

本书中九节《每月例话》是插入的故事。其中《少年爱国者》《少年侦探》《少年鼓手》三节，题旨都是爱国。后两节没有什么，读了"少年爱国者"那一节，却该知道一点：那种爱国未免偏于感情，即此为止，也还没有弊病；若顺此发展开来，以为本国的一切都是好的，不容他国人批评的，那就要不得了。那节故事很简单：一个穷苦的意大利少年在海轮中，受了三个外国人周济他的钱。那三个外国人喝醉了，批评意大利种种的不好，甚至于说意大利人是强盗。当"强盗"两个字刚说出口的时候，那少年把得来的钱丢到他们身上，怒叫说："拿回去！我不要那说我国坏话的人的东西。"故事就此完了。那末了的动作与话语，就是通常谈小说的所谓"顶点"；人家侮辱我的同国人，我动怒而加以呵斥，确是人之常情；若再加上一些叙说，表明听取他国人的批评，不能纯凭感情，有时很要理智，那自然同于蛇足。但纯凭感情的爱国，往往流于狂妄，从惟我最好进到惟我独尊，势必至于蔑视他国,排斥他国。现代世界的纷扰不安,未尝不是此种爱国心在那里作祟。惟有知道己国的可爱在那里,忠心诚意的爱着;又知道己国的缺失在那里,与同国人共同努力,弥补此缺失,直到绝无缺失为止;那才是现代公民应持的态度。而那种态度是不凭理智不会有的。

此外《洛马格那的血》《少年受勋章》《难船》三节,题旨都是舍己救人。舍己救人的动机,从一方面说,由于人己一体的观念。既认定人己一体,他人将要遇到的灾害,就如自己的灾害一样,若不竭力抵御,不是对不起他人,简直是对不起自己:这样想时,自然表现出舍己救人的行动来。从另一方面说,由于灾害宁归于我的观念。——这种观念的反面,便是乐利宁归于人;许多圣贤豪杰的存心,实在也不外于此。——既见灾害到来,猜测其结果,必将有人受难,与其让人受难,不如由我来受;这样想时,自然也表现出舍己救人的行动来。以上两种观念原是相通的,不过前者着眼于己的方面较多,后者着眼于人的方面较少罢了。三节故事中的主人公都抱着舍己救人的精神,显然的,作者意欲教训读者,使读者实践这种人类社会间的美德,至少也得理解这种美德。

《洛马格那的血》一节,故事是这样的:一个深夜里,洛马格那街附近的一所屋子里,费鲁乔和他的外祖母,书中作祖母,但据"我是你母亲的母亲"一语,应该是外祖母。两个人留着,父亲母亲都有事出去了。费鲁乔是个欢喜赌钱常常和人打架的孩子,这时刚才回来;外祖母询知他又干了恶事,便一面哭着一面用温和的言辞劝诫他。可是他生性刚强,听了外祖母的话,只是默不作声,并没有认错的表示。这使外祖母更痛伤了;于是说到她自己的将死，说到他幼小的时怎样的柔顺，但愿他能够回复到那时的柔顺。费鲁乔感动了，"心中充满了悲哀，正想把身子投到祖母的怀里去"，两个强盗进来了。当其中一个的面幕偶尔落下来的时候，外祖母认出是一个熟人，叫出他的名字。那强盗便"擎起短刀扑近前去；老妇人立时吓倒了。费鲁乔见这光景，悲叫起来，一壁跳上前去，用自己的身体覆在祖母身上。强盗在桌子上碰了一下逃走了，灯被碰翻，也就熄灭了"。在黑暗之中，费鲁乔才说出强盗未来以前的心中言语，请求外祖母饶恕他；外祖母说她已经饶恕他了。于是费鲁乔再也不作声，原来他代替了外祖母，背部被强盗的短刀戳穿，他死了。这故事无非说费鲁乔的恶行只是一时的过误，骨子里却如书中所说，有着"壮美的灵魂"。严格说起来，故事并不能算写得好；前半节的外祖母责备费鲁乔，和后半节的费鲁乔被杀，有些勉强牵合起来似的。费鲁乔和外祖母没有一点仇恨（当时也不过不肯认错而已，怨恨外祖母的心是没有的），却有十多年来依依膝下的情意，看见强盗擎起短刀向外祖母扑去，当然会不假思索跳上前去保护；先前的责备不责备，与此并没有多大关系。而一篇理想的完美的小说，犹如一个有机体，是不容许有没有多大关系的部分存在的。其所以有前半节文字，还是由于作者一贯的作风，可使费鲁乔在将死的时候，与外祖母作一番关于饶恕过错的对话，藉以激励读者的感情。

《少年受勋章》一节，和前面提及的《赏品授与式》一节一样，描写一个盛大的会场，以唤起读者的感觉和情绪。故事是简单不过的：那作为篇中主人公的少年在河中救起了一个将要淹死的孩子，因而由市长以意大利国王的名义，授与他勋章。他的行为的高尚,在市长的演说辞中有所说明。"勇敢在大人已是难能可贵的美德,至于在没有名利之念的小孩,在体力怯弱,无论做什么都非有十分热心不可的小孩,在并无何等的义务责任,就使不做什么,只要能了解人所说的,不忘人的恩惠,已足受人爱悦的小孩,勇敢的行为,真是神圣之至的了。"这么长的一句话,无非说那少年救人是"无所为而为"。"无所为而为"比较起"有所为而为"来,结果纵使相同,价值可高得多了,这一节只是一篇记叙文字,不能算是一篇类似小说的东西;因为小说常常写人和事相遇时,心理上行动上的发展过程,其过程或简或繁都可以,但不能绝对没有,而这一节里却绝对没有。《难船》一节就不同了。故事也很简单:少年马利阿和少女寇列泰同乘一条海船,遇到了风浪,船沉没了;逃命的舢板上只剩一个位置,马利阿很慷慨的把它让给了寇列泰。在开头,先叙两人相遇,彼此拿出食品来,一同吃着。次叙两人关于身世的问答,马利阿的父亲近在客中逝世,他回去预备依靠亲戚;寇列泰的离家原想承受叔母的遗产,可是没有如愿,现在是回到父母那里去。次叙风浪来了,马利阿被震倒,头部撞出了血,寇列泰照料他,把自己的头巾替他包在头上。然后叙到作为"顶点"的马利阿让寇列泰逃生的一幕。前面的那些叙写,都与末后马利阿的英勇行为有照应,因为同食同谈,彼此之间就有了情感;因为身世不同,马利阿就觉得寇列泰比起他自己来,是更不容死的;因为有过的替包头部创伤的事儿,马利阿又觉得对于这样一个好同伴,是非让她活命不可的。关于这些,只要读时稍稍留心,很容易看出来。看出了这些,便会感到马利阿抱起寇列泰,把她掷给舢板上的水手,这个行动非常的自然,为什么非常的自然?就在于切合心理,近于人情。

《每月例话》的另外三节——《少年笔耕》,《爸爸的看护者》,《六千里寻母》,题旨都是对于父母的爱。其中《爸爸的看护者》一节,那主人公少年西西洛在医院中看护的实在不是他的父亲,而是个不相识的老人。他父亲离家已一年,回到国土就得病,西西洛接了信跑去看他,可巧医院中人给他指错了一个人;那病人的容貌原来全不像他父亲,但病了变了样子是可能的,那病人又病得很重,不能开口;因此他就认为真是他父亲,留在医院里看护他了。到了第五天,他自己的父亲病愈出院了,无意中彼此遇见,西西洛才知认错了人。但当父亲教他一同回去的时候,他却说不能丢弃那当作爸爸看护了他五天的孤身病人,他愿意再留在这里。于是像以前一样,又看护了两天,直到那病人死去。他在离开病房的当儿,"那五日来叫惯了的称呼,不觉脱口而出:'再会!爸爸!'"这篇故事带着喜剧情味(关键在于误会),而意义非常严肃。对于错认为父亲而看护他的病人,即使在弄明白之后,情感还是深挚,这并非奇迹,正是人情。若是前五天尽心竭力的看护,到发觉了错误之后,便把那病人看得如不相干的人一样,头也不回的离开了他,那才不近人情了。

《少年笔耕》是少年叙利亚因年老的父亲佣书养家,心上过不去,便每夜起来私自代替父亲缮写的故事。父亲以为自己的工作成绩增多,觉得高兴;可是看了叙利亚的疲惫神态,不能努力用功(他每夜起来写字太困乏了),又深深的烦恼,严厉的责备着他。在叙利亚,屡次想向父亲说明缘由,但是给帮助父亲的念头战胜了,终于不曾出口。在父亲,见儿子总是不肯改好,愤怒愈甚,竟至说出了"我早已不管他了"的话。这样的发展是很自然的。叙利亚既已存了私自帮助父亲的意念,惟有一直帮助下去最是正办,假若说破了,父亲便将不让他深夜里起来,那就无法再帮了,并且,父亲正为了自己的工作成绩增多而高兴,若让他明白了所以然,他那高兴便将转而为懊恼了;所以想说而终于不说。再说父亲,因为经常收入不够家用,至于另做工作来补贴,他的心情一定是非常郁闷的;若是一家人能够体谅他,大家努力奋勉,那还足以自慰;而眼前偏有一个不肯用功只想打瞌睡的叙利亚;他或许还这样想,目前收入增多,若没有别的烦心的事,生活也还不算错;而叙利亚的事偏来烦他的心,使他不得舒快,所以他对于叙利亚越来越恨,几乎不当他做儿子。发展到了这地步,于是达到故事的"顶点":在叙利亚下了决心,想不再起来的那一夜,由于"习惯的力",他又起来缮写了。不一会儿,父亲闪进室中来了,看见了叙利亚的做法,便恍然于从前的一切。在互说"原恕我"的声音中,父子两人的情感如火一般燃烧起来,两个灵魂融合在一块了。——这故事组织完美,有动人的力量。

《六千里寻母》是少年玛尔可到美洲去寻访断了消息的母亲的故事。他的母亲原在叫做爱列斯的地方,他到爱列斯,探知母亲跟了主人家到可特准去了。寻到可特准,又知迁到克杜曼去了。寻到克杜曼,又知迁到赛拉地罗去了。在赛拉地罗才见到他的母亲。这样屡次转换目的地,无非要使玛尔可多跋涉些路程,藉此见出他的孝心;然而在故事的结构上,未免有重复呆板之嫌。当寻到赛拉地罗的时候,他母亲正患着重病(内脏起了致命的癌肿),一因家信阻梗,二因对于自己的身体没有信心,悲伤和畏怯使她拒绝医生动手术的主张,她宁愿就此死去。但在闻知玛尔可老远跑来看她的当儿,她的希望勇气突然鼓起来了,她情愿接受医生的手术了。于是她有救了;医生对玛尔可说:"救活你母亲的,就是你!"这里见出儿子是母亲的生命的光,为了儿子,母亲重又热爱着生命;反过来,也就见出儿子对于母亲的爱,是本于天性,莫知其然而然的;然而在故事的结构上,未免太凑巧了。此篇写美洲的景物,都从玛尔可(一个意大利少年)的眼光着笔,又掺入玛尔可的凄惶焦灼的心情,奇幻景物便带着奇幻的色彩。玛尔可所到之处,常常受着同国人的帮助,这虽说是常情,却也是作者极欲着力叙写的一个项目;从这个项目,很易激起读者的爱国心的。

读这一本爱的教育,若是想"摘录佳句"的话,其中佳句可真不少。什么叫做佳句呢?就是情味丰富,禁得起咀嚼,越咀嚼越觉得有意思的句子。如果读的时候不加咀嚼,只是逐字逐句的读下去,那就虽遇佳句,也辨认不出来。所以咀嚼工夫是不可少的。咀嚼不是凭空的冥想,须从揣摩故事的情景出发;在如此这般的情景中,看这么一句,或传出一种深至的心情,或表出一种生动的姿态,或显出一种鲜明的印象,那无疑的是佳句了。现在略举几个例子在此,待诸位同学自己"反三"。

先生讲盲童学校的情形给学生听(第五卷《盲孩》),说到因病盲目的比较生来就盲目的痛苦更深,他举一个盲童的话道:"就是一瞬间也好,让我眼睛再亮一亮,再看看我母亲的脸孔,我已记不清母亲的面貌了"!这是佳句,中间含着不知多少的哀酸。这盲童所希望的并不奢,只要一瞬间,一瞬间之后,再回入黑暗的世界,直到终身,他也情愿;但是这一瞬间事实上不会有了。事实上不会有而仍希望着,那心情的伤痛不言可知了。

"小石匠"的父亲进了夜学校(第六卷《夜学校》)。总爱坐在自己儿子的座位上(夜学校就设在小学校里),当他第一次进夜学校,就和校长商量道:"校长先生! 让我坐在我们'兔头'的位子里罢!"这是佳句,细细咀嚼时,可以辨出多种意味。他自己是早年失学,他的儿子却在学龄得入学校,比他幸福得多,这在他自是一种安慰,但安慰之中不免带着羡妒。现在他也得上学了,而且正坐在儿子的座位了,他的羡妒之心也就得到满足了。这是一。他入夜学校,自以为回返到幼年时代了。他要坐在儿子的位子里,就是要处在儿子的观点上感受一切,尝尝那儿子经历已惯而自己还没有经历到的趣味。这是二。他对校长称自己的儿子,不叫他的名字,不说"我的孩子",而用平时叫惯的他的诨名"兔头"。在这两个字上,透露着多少天真和喜爱孩子的心情啊! 这是三。

　　诺琵斯性情傲慢,待同学没有和气,先生劝诫了他一番,问他还有什么要说的(第五卷《傲慢》)。"他只是冷淡地回答:'不,没有甚么'"。这是佳句,把傲慢者的神态和心情都表现出来了。傲慢者不肯接受别人的意见,尤其不肯接受别人劝诫自己的意见;表现在外面,便是任别人说得如何详恳亲切,总是回答他一个冷淡。诺琵斯听了先生的话,心里果真没有什么话要说吗?不,他心里的话多着呢。他自以为家庭地位比别的同学好,别的同学都不在他眼里,对于他们,他认为没有亲爱和气可言的。先生教他和大家要好,那无异教他辱没自己。但这些道理先生是不会明白的,对他说也徒然。所以负气的说"没有甚么"就完了。读者把这些辨认出来,一个傲慢的诺琵斯就如在目前了。

　　安利柯去参观幼儿院(第七卷《幼儿院》),许多幼儿正进食堂就餐。就餐之前，按照习俗，须作祈祷。"祈祷的时候，头不许对着食物的，他们心为食物所系，总常拉转头颈来看后面，大家合着手，眼向着屋顶，心不在焉地述毕祈祷的话，才开始就食。"这是佳句，描绘出幼儿的天真神态。拉转头颈来看后面，该是看先生是不是在注意他们吧；如果先生不注意的话，也许回转头来对着将要到嘴的食物偷看一眼吧。行祈祷的仪式，若在大人，即使心里并没有宗教的信仰，也会假装出非常虔敬的神态的。而在幼儿，没有那种矜饰的习惯，要他们祈祷，他们只能"眼向着屋顶"，只能"心不在焉"。试想，"眼向着屋顶"五个字，包含着多少无聊意味？他们对祈祷既是"心不在焉"，他们的心到那里去了？不是说他们在这个时候，除了放在面前的食物，什么都不想了吗？

安利柯记《弟弟的女先生》（第二卷），说她"有时对于小孩，受不住气闹，不觉举起手来，终于用齿咬住了自己的指，把气忍住了。她发了怒以后，非常后悔，就去抱慰方才骂过的小孩。也曾把顽皮的小孩赶出教室过，赶出以后，自己却咽着泪"。安利柯记泼来可西得了赏牌，"大家都向他道贺：有的去抱他，有的用手去触他的赏牌"（第五卷《赏牌授与》）。安利柯记春天到了的时候，"一吸着窗外来的新鲜空气，就闻得出泥土和木叶的气息，好像身已在乡间了"（第七卷《春》）。写巴拉那河岸的景色，说"港口泊着百艘光景的各国的船只，旗影乱落在波下"（第八卷《六千里寻母》）。这些都是佳句，给读者一个宛然自己感受到的印象。

诸位同学如果把以上所举的为例，自己去推求，将发现许多的佳句，每句足供良久的欣赏。

《泷冈阡表》读法指导

原文：

(1)呜呼！惟我皇考崇公卜吉于泷冈之六十年，其子修始克表于其阡；非敢缓也，盖有待也。

(2)修不幸，生四岁而孤。太夫人守节自誓，居穷，自力于衣食，以长以教，俾至于成人。太夫人告之曰："汝父为吏，廉而好施与，喜宾客；其俸禄虽薄，常不使有余，曰：'毋以是为我累。'故其亡也，无一瓦之覆，一垄之植，以庇而为生。吾何恃而能自守邪？吾于汝父，知其一二，以有待于汝也。自吾为汝家妇，不及事吾姑，然知汝父之能养也。汝孤而幼，吾不能知汝之必有立，然知汝父之必将有后也。吾之始归也，汝父免于母丧方逾年，岁时祭祀，则必涕泣曰：'祭而丰，不如养之薄也！'间御酒食，则又涕泣曰：'昔常不足而今有余，其何及也！'吾始一二见之，以为新免于丧适然耳；既而其后常然；至其终身，未尝不然。吾虽不及事姑，而以此知汝父之能养也。汝父为吏，尝夜烛治官书，屡废而叹。吾问之，则曰：'此死狱也，我求其生不得尔！'吾曰：'生可求乎?'曰:'求其生而不得,则死者与我皆无恨也。矧求而有得邪!以其有得,则知不求而死者有恨也。夫常求其生,犹失之死,而世常求其死也!'回顾乳者剑汝而立于旁,因指而叹曰:'术者谓我岁行在戌,将死;使其言然,吾不及见儿之立也。后当以我语告之。'其平居教他子弟常用此语,吾耳熟焉,故能详也。其施于外事,吾不能知。其居于家,无所矜饰,而所为如此。是真发于中者邪!呜呼!其心厚于仁者邪!此吾知汝父之必将有后也。汝其勉之!夫养不必丰,要于孝;利虽不得博于物,要其心之厚于仁。吾不能教汝,此汝父之志也。"修泣而志之,不敢忘。

(3)先父少孤力学,咸平三年进士及第,为道州判官,泗绵二州推官,又为泰州判官。享年五十有九。葬沙溪之泷冈。

(4)太夫人姓郑氏,考讳德仪,世为江南名族。太夫人恭俭仁爱而有礼,初封福昌县太君,进封乐安、安康、彭城三郡太君,自其家少微时,治其家以俭约,其后常不使过之。曰:"吾儿不能苟合于世,俭薄,所以居患难也。"其后修贬夷陵,太夫人言笑自若,曰:"汝家故贫贱也,吾处之有素矣。汝能安之,吾亦安矣。"自先公之亡二十年,修始得禄而养。又十有二年,列官于朝,始得赠封其亲。又十年,修为龙图阁直学士尚书吏部郎中,留守南京,太夫人以疾终于官舍,享年七十有二。

(5)又八年,修以非才入副枢密,遂参政事。又七年而罢。自登二府,天子推恩褒其三世。故自嘉祐以来,逢国大庆,必加宠锡:皇曾祖府君累赠金紫光禄大夫太师中书令,曾祖妣累封楚国太夫人；皇祖府君累赠金紫光禄大夫太师中书令兼尚书令，祖妣累封吴国太夫人；皇考崇公累赠金紫光禄大夫太师中书令兼尚书令，皇妣累封越国太夫人。今上初郊，皇考赐爵为崇国公，太夫人进号魏国。

（6）于是小子修泣而言曰："呜呼！为善无不报，而迟速有时，此理之常也。惟我祖考积善成德，宜享其隆，虽不克有于其躬，而赐爵受封，显荣褒大，实有三朝之锡命：是足以表见于后世而庇赖其子孙矣。"乃列其世谱，具刻于碑；既又载我皇考崇公之遗训，太夫人之所以教人而有待于修者，并揭于阡；俾知夫小子修之德薄能鲜，遭时窃位，而幸全大节，不辱其先者，其来有自。

（7）熙宁三年岁次庚戌四月辛酉朔十有五日乙亥，男推诚保德，崇仁翊戴功臣观文殿学士，特进行兵部尚书知青州军州事，兼管内劝农使，充京东路安抚使上柱国乐安郡开国公食邑四千三百户，食实封一千二百户修表。

指导大概

这篇文字，通体只有一条线索，就是一个"待"字。为什么直到父亲葬了六十年，才给他作墓表呢？因为有所等待。为什么要等待？因为作者的母亲说过"有待于汝"的话。母亲的"有待于汝"不是漫无凭依的空希望，她根据着父亲的孝行与仁心，知道这样的人该会有好儿子，能够具有同样的孝行与仁心，并且能够显荣他的父母祖先——就是所谓"有后"。在父亲下葬的那年，作者才只有五岁，当然不能作墓表。后来长大起来，而且"食禄"了，"列官于朝"了，他还是不作，因为母亲所等待的还没有确切的着落；直到"天子推恩褒其三世"，三代都受了皇帝的赠封，作者觉得"是足以表见于后世而庇赖其子孙矣"，换一句说，母亲所等待的有了确切的着落了，他才动手作墓表。他以为"天子推恩褒其三世"是自己"幸全大节"的凭证，而自己所以能够"幸全大节"由于不负母亲的等待，也就是不背父亲的遗训，总之是所谓"不辱其先"，真成了个好儿子。这并不是夸张自己，只是见得父亲具有孝行与仁心而果真"有后"，果真有好儿子，乃是"为善无不报"的"理之常"。要表扬父亲，还有比这个更值得叙述的吗？所以必须等待到这时候才来作墓表。——作者的意念是依着这样一条线索发展的。

意念发展的线索既已成立，同时就把取材的范围也规定了。这一篇文字属于碑志类，所谓碑志类，是就它刊刻的方式而言，实际上也就是传记。传记叙述一个人的生平有牵涉得很广的，为什么这一篇仅叙父亲的孝行与仁心两端呢？还有，作者在四岁时候，父亲就去世了，对于父亲的生平，当然只能间接地从母亲方面得知；但是母亲对于父亲的生平，平日一定琐琐屑屑讲得很多，为什么这一篇仅叙母亲讲到父亲的孝行与仁心的一番话呢？原来作者认为孝行与仁心是父亲的两大"善"，只此两端，就足以表见父亲的全貌。他在文字的第六段里有"俾知夫小子修……"的话，所谓"俾知"，使什么人知道呢？不是要使子孙与世人知道吗？要使子孙与世人知道什么？不是说父亲的两大"善"影响了他，果然使他"幸全大节，不辱其先"，可见这两大"善"是人生的至宝吗？这就使这篇文字在叙述以外，自然而然带着教训意味。大凡含有教训意味的文字，是排斥那没有教训意味的成分的；所以这一篇仅叙父亲的孝行与仁心两端。并且，作者受父亲的影响，是从母亲特别把父亲的两大"善"教训他而来的；惟有把母亲当时的教训摹声传神地叙述下来，才见得他的受影响为什么会这么深切。这好像是写母亲，其实正是出力地具体地写父亲。若再加上母亲平日琐琐屑屑讲到父亲生平的旁的话，那就使这一番话比较不显著，把它的力量减弱了；所以这一篇仅叙母亲讲到父亲的孝行与仁心的一番话——以上是说取材的范围受着意念发展的线索的限制。

不只第二段的取材如上面所说，再看第四段里叙述母亲"治其家以俭约"；当作者贬谪的时候，母亲说过"汝能安之，吾亦安矣"的话；这都与第二段里所叙父亲的话"毋以是为我累"相应合，见得母亲是真能够体验父亲的志概，本着父亲的志概训练儿子的。写母亲也就是写父亲，所以这些材料要取。再看第五段，说了"天子推恩褒其三世"，以下就直接第七段的"于是小子修泣而言曰"，似乎也没有什么不可以。但是"天子推恩褒其三世"是作者"幸全大节"的凭证，如果就此一笔叙过，未免把这种凭证看得太不郑重了，把朝廷的宠锡看得太不恭敬了；所以要把三代所受的赠封逐一记下来，以表郑重与恭敬。可见这一段关于三代受赠封的文字，也是从作者意念发展的线索而来的。

自来传记文字很多，作者意念发展的线索不同，取材范围也就不一样。如归有光的《先妣事略》，是从一种"孺慕"的意念发展开来的；所以只取日常琐屑作材料，使全篇带着抒情的情调，而没有什么教训的意味。欧阳修这一篇的第二段虽然纡徐曲折，摹声传神，也像是抒情的文字，但他把这一段作为全篇的主要材料，是着眼于它的教训意味的；所以这一段与其他各段统看，就不觉得什么抒情的情调，只觉得作者在那里向人说教。欧阳修是上承唐朝的韩愈而提倡古文的；他占很高的官位，有许多文人做他的门人，受他的提拔，他是当时文坛的盟主。韩愈开始以文字为教，主张为文须得传尧舜禹汤文武周公孔孟之道，也就是汉朝以来我国的传统伦理观念。欧阳修当然也作这样想。在寻常的题目之下，如一篇游记一篇短序之类，自然不妨随便一点；但现在遇到的却是个非常严肃的题目——要叙述自己的父亲。以文坛盟主的资格，作这样非常严肃的题目，若作来没有"传道"的作用，岂不是自己取消自己的主张？于是他抓住父亲的孝行与仁心两端，以为全篇的主要材料，因为孝与仁正是我国最重要的传统伦理观念。他又把母亲预料父亲"有后"，到后来果真"有后"，可见"为善无不报"，作为全篇的线索，这"为善无不报"也正是我国的传统伦理观念。既叙述了父亲，又有了"传道"的作用，从欧阳修当时的观点与立场着想，没有比这样下笔再得体的了。看一篇文字，要知道作者的观点与立场，要知道他处在怎样的一种思想环境与现实环境之中，才会得到客观的理解。倘若不能抱这样的态度，只凭读者自己的主观见解去评判，那就难以理解得透切。如说这一篇第五段历记三代所受的赠封，夸耀虚饰的荣显，酸味十足；又说第六段表明为善果真有报，近于一种迷信的因果论，与无知的积善老婆婆的见解不相上下；这就是凭现代的人的主观见解去评判古人的文字了。这样评判固然也是一种研讨，但对于作者为什么要这样取材，这样下笔，并没有得到理解却是真的。

现在请把各段的大意与作用来说一说。第一段从作表延迟说起,标出"待"字。第二段说明"待"字的来由在母亲"有待于汝"的话;而母亲这个话是有根有据的,那根据在父亲的孝行与仁心。于是叙述母亲所讲关于父亲的孝行与仁心的一番话,也就安排了本篇的主要材料。第三段记父亲的官职、年岁与葬地,是传记一类文字的格式。到这里,叙述父亲的生平的部分完毕了。第四段叙母亲,而着眼于母亲能够体验父亲的志概,能够随时本着父亲的志概训练儿子,可以说是从旁面叙父亲。这段里因为叙"得禄而养"母亲,用了"自先公之亡二十年"作为时间副语;以下就顺次下去,连用"又十有二年","又十年",来表明自己进官与母亲去世的时间。第五段开头用"又八年",紧接上段,而叙的是自己"登二府",三代受赠封的事情,这表明母亲所谓"有待于汝"的期望有了着落了。于是来了第六段,见得这才是可以作墓表的时候了。作墓表不但记叙一个人的生平而已,更得使子孙与世人得到一种教训,才有意义;所以先前不作,直到这个时候才作。第七段记作表的年月与作表当时自己的赐号、官职、封爵、禄秩及名字,也是传记一类文字的格式。

　　第二段所叙母亲的一番话最长,也最关紧要。这一番话又可以分为六节。从"汝父为吏"到"以有待于汝也"是一节,说明她处在寡居穷困的境地"而能自守",只因她对于父亲知道一二,有待于她的儿子。以下到"然知汝父之能养也"是一节,到"然知汝父之必将有后也"又是一节,这两节就是所谓"知其一二"。从什么方面知道的呢?第四节到"而以此知汝父之能养也"为止,第五节到"此吾知汝父之必将有后也"止,说明了知道的所以然。末了一节是结论,她说从"汝父之志"看来可见养亲最重要的是孝,待物最重要的是"其心厚于仁"。这里第二节说"能养",第三节说"必将有后",第四节承接"能养"说,第五节承接"必将有后"说,第六节用"孝"与"其心厚于仁"双承"能养"与"必将有后",层次极为清楚整齐。

第三段开头是"先公少孤力学"一语,"少孤"叙他的境遇,"力学"叙他的努力,都只是抽象说法;如果没有这四个字,好像也没有多大关系。可是没有这四个字,开头一语就成"先公咸平三年进士及第",语气见得急促了。现在用这四个字,语气就见得舒缓;"力学"又与"进士及第"有了照应。并且,"少孤力学"是抽象说法,而第二段母亲口里称述父亲全是具体说法;一面具体,一面抽象,也有错综的趣味。

第四段第二句实在是"太夫人自其家少微时,治其家以俭约","恭俭仁爱而有礼,初封福昌县太君,进封乐安、安康、彭城三郡太君"三语是插进去的,作为对于"太夫人"的形容语。所以要把这三语插进去的缘故,第一,与前面所说加用"少孤力学"四字一样;作"太夫人自其家少微时",嫌其急促,插入这三语,语气就舒缓了。第二,太夫人被封为"福昌县太君,进封乐安、安康、彭城三郡太君"本来在作者"列官于朝"之后,但"始得赠封其亲"一语之下是接不上母亲被封为什么的(若要在这里叙明母亲被封为什么什么,就得像现在作文一样,把这个话括在括弧里头了,而从前作文是没有这个格式的)。正好前面有个可以安插的地方,所以就把它提到前面去了。

第四段里的"又十年",指宋仁宗皇祐四年,与以下的"修为龙图阁直学士尚书吏部郎中,留守南京",都是"太夫人以疾终于官舍"的时间副语,表明作者任这些官职的时候,母亲去世了。若以为作者"为龙图阁直学士尚书吏部郎中,留守南京",是皇祐四年才开始的事情，那就错了。原来作者除龙图阁直学士，在前此八年（仁宗庆历四年）；落龙图阁直学士，在前此七年（庆历五年）；复龙图阁直学士，在前此三年（皇祐元年）；知应天府，兼南京留守司事，授尚书吏部郎中，在前此二年（皇祐二年）；都不是皇祐四年才开始的。

第六段里"既又载我皇考崇公之遗训，太夫人之所以教而有待于修者"两语，是归结全篇的话，很关重要。全篇的主要目标当然在记载父亲的遗训，但父亲的遗训所以会在作者人生上发生影响，却在母亲本着遗训训练儿子，期待儿子。没有父亲的遗训，母亲将本着什么来训练儿子，这是不可知的。没有母亲的训练，父亲的遗训会不会在作者人生上发生影响，也很难说定。遗训与母亲的训练是二而一的，惟有这两项合并在一起，才收到真实的效果——就是儿子果真能够"幸全大节，不辱其先"。这里所指出的两语就表明这个二而一。同时也点醒了本篇叙述手法的所以然。原来本篇从母亲的口吻叙述父亲的遗训，又叙述母亲的俭约安贫，无非要表明母亲能够本着遗训训练儿子。所以说，这两语是归结全篇的话。

以上把全篇的取材、布局、照应各方面大略说过了。大概读一篇文字，仅能逐句逐句的解释，是不够的；必须在解释字面之后，更从文字以外去体会，才会得到真切意义。现在请把本篇须得加意体会的地方提出来说一说。第二段母亲的话的第一节里，提起父亲的"毋以是为我累"一语，为什么"有余"反而是"累"呢？因为欲求"有余"，或许会伤"廉"，或许损害"好施与"的品性，这是对于自身的"累"。"有余"而传到儿子手里，或许使儿子惯于席丰履厚，不能居患难，安贫贱，这是对于儿子的"累"；对于儿子的"累"也就是自己的"累"。这些"累"都是要不得的,所以说"毋以是为我累"。同节里有"无一瓦之覆,一垄之植"两语,这等于说没有房屋与田地,但比起"无屋舍田亩"来,却具体得多,印象深刻得多。"一瓦""一垄"都是最低限度,最低限度的财产也没有,可见"然知汝父之必将有后也"穷困真到了极点了。第三节一语,如果去掉"将"字,作"必有后也",文意也顺适。但"必有后也"是断定口气,加入"将"字就是期望口气;这里承上文的"有待于汝",作期望口气尤合于说话当时的神情。第四节叙述父亲的话,说"祭而丰,不如养之薄也",又说"昔常不足而今有余,其何及也",都从一句简单的话,表出父亲追慕不已的孝思。祭祀是人子的一件大事,固然要求其丰盛;但是,如果不是死后的祭祀而是生前的奉养,即使比较菲薄一点,在人子是何等的快慰呢?在奉养的时候,因为手头"不足",不得好好儿奉养;现在手头"有余"了,偏偏又无法奉养,在人子是何等的深恨呢?这两层意思,从这两句简单的话里表达出来,父亲的孝思如何深切也就可想而知了。再看在"御酒食"上头加上一个"间"字,见得所谓"有余"也是有限得很的,不过比往时稍稍宽裕一点而已。稍稍宽裕一点。就想到不及拿来奉养,那孝思真是没有一刻不在心上的了。同节"至其终身未尝不然"一语,是找足一句的说法。每逢祭祀,每对酒食,总是要涕泣而叹息,这样直到他临死;说他的孝思没有一刻不在心上,还有可以怀疑的吗?死后的追慕尚且如此,那么,生前的奉养虽因"不足"而菲薄一点,但必然纯本于孝思,是不问可知的了。所以本节的末了说"以此知汝父之能养也"。第五节里母亲问:"生可求乎?"以下父亲回答的一番话,层次很多,言外还有意思,必须仔细体会。这一段话开头说"求其生而不得,则死者与我皆无恨也",并不直接回答说"生"的可求不可求,只是提出一个原则来:法官必须劳费心思替将死的罪犯寻一条生路。即使个个罪犯都寻不到生路,但那一番心思是不得不劳费的;因为惟有这样做,在法官是尽了他的职责,良心上没有什么抱恨;在罪犯是自己犯了实罪,虽死也没有什么抱恨。以下接说"矧求而有得邪",用的是反问感叹的语气。假定求而总是不得,但为彼此不致抱恨起见,尚且非求不可;现在实际上又"求而有得",怎么能不求呢?这就回答了"生可求"乎的问语;见得"生"是可求的,而且非求不可的。以下接说"以其有得,则知不求而死者有恨也",这是推开来想。从"求而有得"着想,可见偶尔疏忽一件案子,也许正冤枉一个罪犯,将使他抱恨而死。那么,做法官的还可以偶尔疏忽一件案子吗?以下接说"夫常求其生,犹失之死,而世常求其死也",这是对于当时一般法官的感慨。"常求其生"指自己说;像自己这样存心,这样审慎,说不定还有考核与判断的错误,因而把不该受死罪的罪犯冤枉处死。而一般法官对于案子只是随便处理,一味疏忽;那不但是不替罪犯寻生路,简直是专把罪犯赶上死路去了。说着这样感慨的话,他自己决不愿像一般法官那样随便与疏忽,那意思也就表明了。接着父亲叹息说恐怕见不到儿子的成立,"后当以我语告之",以下母亲又说"教他子弟常用此语",这里的"我语""此语"不能呆看。"我语""此语"该是指前面的话而言,而前面的话是说法官必须尽心替罪犯寻生路,以求彼此无恨;难道父亲料定儿子与"他子弟"将来都要作法官吗?这就是呆看了。原来"我语""此语"是指像前面的话那样的存心而言;儿子与"他子弟"将来固然不一定作法官,但那样的存心是无论作什么都必要的,所以说"后当以我语告之"，所以"教他子弟常用此语"。以下母亲赞叹父亲，用推进一层的说法，先说"其施于外事，吾不能知"，这不但按照实际情形说，她自己处在家里，不能知道父亲在外面的情形；同时还表出一种料想，也许父亲在外面，更有许多教人感服的事情，只是她不能知道，故而也无从说起了。在外面作事而能教人感服，也许还有点"矜饰"的意味，并不完全出于自然；于是推进一层说，在家里是绝对用不到"矜饰"的，而父亲能那样地认真尽责，只见他的存心是完全出于自然的了。存心完全出于自然，怎么就归结到"此吾知汝父之必将有后也"呢？中间好像缺少了一座过渡的桥梁。原来过渡的桥梁就是"为善无不报"；这"为善无不报"是"理之常"，人人所有的信念，不烦言而可知，所以把它省略了。第六节开头说"汝其勉之"，明明是教训语，以下却又说"吾不能教汝"，而用"此汝父之志也"来结束；见得所谓"养不必丰，要于孝，利虽不得博于物，要其心之厚于仁"，只是从"知其一二"的父亲的性行上体验出来的一点道理；就为体验出来了这点道理，她才有以教儿子，她才有待于儿子。倘若没有这一节话，以上几节仅仅说明了"汝父之能养"，"汝父之必将有后"，与儿子的关系还浅。现在有了这一节，见得她的教训也就是"汝父之志"，她所谓"有待于汝"，是期待"汝父之志"在儿子的人生上发生优善的影响，这与儿子的关系就深切多了。

第四段叙母亲的话"吾儿不能苟合于世，俭薄所以居患难也"；意思是说"不能苟合"必然常"居患难"，习惯了"俭薄"，"居串难"就安之若素了。这个话正与父亲"毋以是为我累"的话正反相应；父亲的意思是丰厚（有余）要成累，母亲的意思是俭薄就没有什么累。以下"汝家故贫贱也……"两句是承接上文，用叙述来加倍描写。"汝能安之，吾亦安矣"一句，虽只有八个字，可是把母亲与儿子融融泄泄"居患难"而心胸旷然的情境，都表现出来了。作者的母亲画荻教子，自来称为贤母的模范。读本篇所叙母亲的一些话，真像看见了这位贤母，听到了她的温恭慈爱的口吻。

第六段"为善无不报"之下，加"而迟速有时"五字，作为对于"报"字的副语，与下文相应；这是文字的周密处。"我祖考积善成德，宜享其隆"，但"不克有于其躬"，这就像是"不报"。然而到后来"赐爵受封，显荣褒大，实有三朝之锡命"，只见并不是"不报"，只是"报"得"迟"一点罢了。这就是所谓"迟速有时"。若不在上文把这一层先行点明，下文"不克有于其躬"就未免有点突兀了。末句的末了说"小子修""德薄能鲜，遭时窃位"，"德"与"能"都不行，原不该有什么发展，而现在竟得发展，无非遭遇时世，窃居高位而已：把自己说得这样地平凡，只是要反衬下文的"全大节"与"不辱其先"。"全大节"与"不辱其先"不是容易做到的事情，而平凡的自己居然能够做到，那是经过了许多奋勉的工夫而来的。下一个"幸"字，所以表明奋勉成功的意思。若把这"幸"字解作通常的"侥幸"，意味就差一点了。平凡的自己何所凭藉而能奋勉呢？凭藉的是父亲的遗训与母亲的训练；把成功的缘由都归到父母身上，这就是所谓"其来有自"。

现在请把本篇所用的字与词、语。应该提出来说明的，逐一说明于下。

关于坟墓的刻石，通常有两种，一种是"墓表"，也称"墓碑"，一种是"墓志铭"。一般的见解，"墓表"所以彰其人，立在坟上，供瞻仰的人观看；"墓志铭"埋在坟中，将来时候或许陵谷变迁，发见的人就可以知这坟中埋的是谁。但姚鼐《古文辞类纂》的序文里说:"志者,识也。或立石墓上,或埋之圹中,古人皆曰志。为之铭者,所以识之之辞也。然恐人观之不详,故又为序。世或以石立墓上曰碑曰表,埋乃曰志,及分志铭二之,独呼前序曰志者,皆失其义。"这是说关于坟墓的刻石,不管它立在坟上或是埋在坟中,"古人皆曰志";他是不承认有"墓表"与"墓志铭"的分别的。

"呜呼"是叹词,或仅表感叹,或在感叹之外兼表伤痛或赞美的意思。本篇里用了三个"呜呼"。第一段里的"呜呼"仅表感叹,感叹作表的延迟。第二段里的"呜呼"就兼表赞美了,赞美父亲"其心厚于仁"。第六段里的"呜呼"也兼表赞美,赞美祖考的"实有三朝之锡命"。从此又可见"于是小子修泣而言曰"的"泣"字是感慰的"泣",不是伤痛的"泣"。

本篇里用了两个"惟"字,一个在第一段,一个在第六段。这两个"惟"字不是"惟独",没有实义,只是古代的发语词——在说话开头的时候,带出一个没有实义的字来,以助语气。去掉"惟"字,作"我皇考""我祖考",意思也一样。现在加用这古代的发语词,见得称说自己的"皇考"与"祖考",语气更庄敬一点。

"皇"字是对于先代的敬称。篇首初提到父亲,当然该庄敬;第五段叙述父亲受朝廷的赠赐,第六段说到父亲的遗训,也非庄敬不可;所以都用"皇考"。第三段里的"先公少孤力学",第四段里的"自先公之亡二十年",都只是寻常叙述语;所以不用"皇考"而用"先公"。第五段里称曾祖为"皇曾祖",称祖父为"皇祖",理由与前面所说一样。

"崇公"是赐爵崇国公的简称。在"皇考"之下,又称父亲的赐爵，也所以表示庄敬。除了对于自己的祖先以外，对于其他的人不称他的名字而称他的官位、封爵、谥号，也都表示庄敬的意思。

"卜吉"就是下葬；但是说"卜吉"见得当时是郑重其事，占卜了"吉兆"而下葬的，正与全句郑重、庄敬的情味相一致。第三段里叙及葬地，仅是寻常叙述语，所以用"葬"字就够了。

"克"字与"能"字的分辨，在"前言"里已经提到，这里不再说。现在只说第六段里"虽不克有于其躬"一语的"不克"。这一语说祖考"不克"在生前"享其隆"，而"享其隆"是一件大事，提及的时候应该郑重、庄敬的；所以不作"不能"而作"不克"。

本篇里用了许多"也"字，这些"也"字可以分为三类。"非敢缓也"，"故其亡也"，"吾之始归也"，"此死狱也"，"汝家故贫贱也"等语里的"也"字是一类，表示语气到此稍稍顿一顿，话还没有说完。"盖有待也"，"以有待于汝也"，"然知汝父之能养也"，"然知汝父之必将有后也"，"不如养之薄也"，"而以此知汝父之能养也"，"则死者与我皆无恨也"，"则知不求而死者有恨也"，"而世常求其死也"，"吾不及见儿子之立也"，"故能详也"，"此吾知汝父之必将有后也"，"此汝父之志也"，"俭薄所以居患难也"，"此理之常也"等语里的"也"字是一类，表示语气到此定足，一句话已经说完。第三段里"其何及也"一语"也"字又是一类，与"邪"字相当，是反问与感叹的语气。如果说白话，"非敢缓也"作"并不是敢于迟缓"，"此死狱也"作"这是一件该判死罪的案子"，"汝家故贫贱也"作"你家本来贫贱"，都只须稍稍顿一顿就是，不须再用什么语助词。"故其亡也"作"所以他去世的时候"，"吾之始归也"作"我嫁过来的时候"；这里值得注意，白语里的时间副语"……的时候"，文言里可作"……也"。所以"当他入学的时候"可作"方其入学也"，"与你碰见的时候"可作"与君之相遇也"。再说第二类"也"字。"盖有待也"作"是有所等待"，"以有待于汝也"作"因此对于你有所等待"，都只在声调上表示语气完足，末了不须再用什么语助词。"然知汝父之能养也"作"然而知道你父亲是能够奉养的"，"然知汝父之必将有后也"作"然而知道你父亲是一定会有好子孙的"，"则知不求而死者有恨也"作"就知道不经仔细考求而被处死刑的有怨恨了"，"吾不及见儿之立也"作"我见不到儿子的成立了"；从这里可以知道，白话里的"是……的"与"了"两种断定语气，在文言里就是"也"字。再说第三类"也"字。"其何及也！"白话作"还那里来得及呢！"这"也"字正是白话里的"呢"。所以，"什么缘故呢？"文言作"何也？""什么人呢？"文言作"谁也？"

"盖有待也"的"盖"字，与"乃"字意义相近，作"乃有待也"也可以。全句说白话是"并不是敢于迟缓，是有所等待"。可见白话里这样语气之下的"是"字，文言作"盖"字或"乃"字。所以"并不是不愿意做，是没有能力做"，文言作"非不愿为也，盖无其能也"。"这不是远山，是停着的云"，文言作"是非远山也，乃停云也"。

"自力于衣食"一语，照样说作白话是"自己尽力对于衣食"，或"自己尽力在衣食方面"，都不很顺适。这只须说"自己尽力谋衣食"就可以了。又如下文"新免于丧"，白话就是"新近除服。"那"于"字都不必译作"对于"或"在"字放在话里的。

"以长以教"的"长"字作"长养"解，所以与"教"字处同等的地位。被"长"被"教"的都是作者。

"以长以教"，以什么来长养儿子教训儿子呢？原来是以"自力于衣食"。因为"自力于衣食"已经说在前面，"以"字之下就可以直接"长"字"教"字了。这与"以庇而为生"一话情形完全相同。原来是"以一瓦之覆，一垄之植，庇而为生"，但为要说明没有"一瓦之覆，一垄之植"，必须把这两语提在前面，才加得上一个"无"字；两语既已提在前面，"以"字之下就可以直接"庇而为生"了。明白了这个，也就只以明白"俾至于成人""俾知夫小子修……"两语的句法。"俾"就是"使"，使那一个"至于成人"，使什么人知道，语中都不点明，必然已经提在前面了。不错，已经提在前面了；对于"俾至于成人"的"俾"字是"修不幸"的"修"字，对于"俾知夫小子修……"的"俾"字是"是足以表见于后世而庇赖其子孙矣"一语里的"后世"与"子孙"。

本篇里用了四个"邪"字，"邪"就是"耶"。"吾何恃而能自守邪""矧求而有得邪"都是反问口气，"邪"字与白话里的"呢"字相当。"是真发于中者邪""其心厚于仁者邪"都是赞叹口气，"邪"字与白话里的"啊"字相当。后面两语说作白话，就是"这真是从心里发出来的啊""他的心里仁道很厚的啊"。

"祭而丰，不如养之薄也"，说作白话，就是"祭得丰厚，不如供养得菲薄"。又如"读而勤"，"学而有成"，"为吏而廉"一类的语句，白话就是"读得勤快"，"学习得有成就"，"做官做得廉洁"；这些"而"字都与白话里的"得"字相当。"养之薄"本来也可以作"养而薄"，现在不用"而"字而用"之"字，叫做"互文"——就是说，错综地使用作用相同的字，以避免重复。这"之"字并不与"我的""你的"的"的"字相当而与上语的"而"字作用相同。"互文"常常用在语式相同的两语里。"而"字与"之"字可为"互文"

之外，其他"互文"还有很多。如陶潜《归去来辞》里的"舟遥遥以轻飏，风飘飘而吹衣"两语语式相同，"以"字与"而"字是"互文"。

"间御酒食"的"御"字，与白话里的"用"字相当。白话说"请用饭"，比较"请吃饭"恭敬一点。文言说"御酒食"，也比较"进酒食"恭敬一点。

本篇里用了许多"其"字，多数"其"字都是寻常用法，在白话里就是"他的"。只有两个比较不寻常，现在提出来说一说。一个是"其何及也"的"其"字。这一语说作白话，就是"还那里来得及呢""其"字与白话的"还"字正相当。再从《左传》里摘出一些语句来看，如"其何不济""其何以免乎""其何以报君""其何后之有"说作白话，就是"还有什么不成功呢""还从什么方法避免呢""拿什么报答呢""还会有什么后代呢？"可见在反问或感叹的语句里，"其"字用在开头，语气与白话里说"还"字一样。又一个是"汝其勉之"的"其"字。这"其"字表示命令与期望的意思。不说"汝勉之"而说"汝其勉之"，更见恳切叮咛的心怀。《尚书》里其"帝其念哉""嗣王其监于兹"的语句，《左传》里有"吾子其无废先君之功"的语句，"其"字的用法都与"汝其勉之"一语相同。

"吾始一二见之，以为新免于丧适然耳；既而其后常然；至其终身，未尝不然"一句里，连用"适然""常然""未尝不然"，逐层递进，把父亲没有一刻不存着孝思说到极点。凡要使读者听者的感兴逐渐达到顶点，用这种逐层递进的说法是很有效的。

"以为新免于丧适然耳"的"耳"字，与寻常作"而已"或"罢了"意义的"耳"字不同。它与"也"字相当，放在语句的末了，表示语气到此停顿。所以这一语若作"以为新免于丧适然也"，语调是一样的。说作白话，就是"以为他新近除服偶尔这样"，无论用"耳"用"也"，都不须再找什么语助词来译它了。"我求其生不得尔"的"尔"字，与这个"耳"字，完全相同；也与"也"字相当，也是放在语句的末了，表示语气到此停顿。"我求其生不得尔"，也可以作"我求其生不得也"。再就本篇用"也"字的语句来看，有些"也"字也可以换作"耳"字；如"盖有待也"也可以作"盖有待耳"，"以有待于汝也"也可以作"以有待于汝耳"。可见"也""耳"两字是常常可以通用的，不过用"也"字语气重一点，用"耳"或"尔"字语气轻一点，这是分别所在。

"矧"字与"况"字意义相同。有人说，这两个字，语气有缓急的分别，"况"字语气缓，"矧"字语气急。这种分别，现在也不能辨明；只觉得"况"字是常用字，"矧"字是比较不常用的字罢了。

本篇里用了三个"夫"字。"夫常求其生"，"夫养不必丰"两语里的"夫"字是一类，放在语首，表示提示的意思。白话里没有与这个"夫"字相当的字；说这两语，就是"常常给他寻生路"，"奉养不一定要丰盛"，开头都不须用什么语词，只须发声前低后高就是了。"俾知夫小子修……"一语里的"夫"字又是一类，放在动词底下，没有意义，只把上面那动词拖得舒缓一点。白话里也没有与这个"夫"字相当的字。这样的"夫"字当然不妨去掉；所以这一语也可作"俾知小子修……"

"犹失之死"一语里，"失之"两字是相连的；凡是说话说得不对，做事做得错误，文言都可用"失之"两字来表示。这一语说作白话，就是"尚且会弄错了教人冤枉死"。文言为什么缩得这样简短呢？因为"犹失之死"与上一语"常求其生"句法相同，成为对偶，而对偶的语句，往往可以简缩而见意。

"剑"字的来源，在《礼记·曲礼》上。《曲礼》上的文句是"长者……负剑辟咡诏之,则掩口而对"。郑注说:"负,谓置之于背;剑,谓挟之于旁。"孔疏说:"剑,谓挟于胁下,如带剑也。"可见这"剑"字是把小儿挟在胁下的意思。本篇各本有异文若干处,这个"剑"字,一本作"抱"字。有人说,作"剑"字表示"乳者"把作者挟在胁下,看主人在灯下办公事,情态很生动;若作"抱"字,就觉得直致了。但这"剑"字是个僻字(僻字与古字不同,古字是现在不常使用的字,僻字是向来就少经使用的字),就本篇全体看,使用僻字的就只有这一处,未免见得不调和。并且,用"剑"字就生动,用"抱"字就直致,也只是从爱好僻字而来的主观看法。所以,作者当时用的如果真是"剑"字,在全篇用字须求调和这一点上是可议的。

作者的父亲死在宋真宗大中祥符三年,那年正是"庚戌",与术者的话相应。作者所以要把"岁行在戌将死"的话叙下来,就为事实与预言相应的缘故。至于这是偶合还是术者真有预知的本领,这问题在现代人当然很容易想起;但在作者当时是成问题的。

"吾耳熟焉"的"焉"字与"之"字相当,指称上一语里的"此语"。这四个字说作白话,就是"我听熟了这个话"。《左传》里有"公使让之,且辞焉"的语句,孟子里有"尧之于舜也,使其子九男事之,二女女焉"的语句,"辞焉"就是"辞之","女焉"就是"女之"。可见"焉"字与"之"字常常通用的。

作者"贬夷陵"是宋仁宗景祐三年的事情。按年谱,景祐元年,"授宣德郎,试大理评事,兼监察御史,充镇南军节度,掌书记馆阁校勘"。景祐三年,"是岁,天章阁待制权知开封府范仲淹言事忤宰相,落职,知饶州。公切责司谏高若纳,若纳以其书闻,五月戊戌，降为峡州夷陵县令"。

作者初入仕"得禄而养"是宋仁宗天圣八年的事情。按年谱，天圣七年，"是春，公……试国子监为第一，补广文馆生。秋，赴国学解试，又第一"。天圣八年，"正月，试礼部，……公复为第一。三月，御试崇政殿，公甲科第十四名。五月，授将仕郎，试秘书省校书郎，充西京留守推官"。

"列官于朝"，指宋仁宗庆历二年作者"知太常礼院"而言。

作者"拜枢密副使"是宋仁宗嘉祐五年的事情。"参知政事"是嘉祐六年的事情。

"又七年"，指宋英宗治平四年。按年谱，治平四年，"二月，……御史彭思永蒋之奇以飞语汙公，上察其诬，斥之。公力求云。三月壬申，除观文殿学士，转刑部尚书，知亳州。……五月甲辰，至亳"。这就离开了中央而充外任了。

"实有三朝之锡命"的"实"字，不是"实在"而是"果然"。"果"本来是"木实"，有"果然"一义，自然"实"也可以作"果然"了。如在叙述一个学生怎样怎样用功之后，接着说"每试实列前茅"，在叙述人家怎样怎样对我有好感之后，接着说"实慰我心"，这些"实"字都是"果然"。

以上说到的一些文言虚字，固然要分析、比较，确切地知道它们所表示的意义与语气；但是要熟习它们并且使用它们，非加工吟诵不可。从吟诵入手，所得到的才是习惯，而不仅是知识。

读过了这篇文字，可以想起许多问题。譬如，碑志传记的文字，目的在叙述人物，从这篇文字看来，叙述人物的主要手法是什么呢？第一是抉出那个人品性与行为上的特点，凭那些特点来表见他的全貌。本篇作者以为孝行与仁心是父亲的两大

"善",是父亲的特点,所以着眼在此,其他不再叙述。第二是用具体写法。本篇作者不用一些抽象词语来形容父亲的孝与仁,而用父亲在祭祀与进酒食的时候怎样追慕,在办公事的时候怎样用心,来表现父亲的孝与仁;这就是用具体写法。

又如,具体写法与抽象写法,方法上与效果上有什么不同呢?抽象写法只凭作者主观的意见;如作者观得某人能够孝顺他的父母,就说他"能孝其亲",觉得某人的孝行真是做到极点了,就说他"孝行纯笃";这里"能孝"与"纯笃"都是作者主观的意见。具体写法就不然。如"祭而丰,不如养之薄也!""昔常不足而今有余,其何及也!"本是本篇作者父亲常说的两句话;关于"求其生"的意见,本是本篇作者父亲某一夕说起的一番话;作者觉得就是这几句话,已可充分地见到父亲的孝行与仁心了,于是把它们记下来。还有说话当时的背景,"祭而丰……"一句是"岁时祭祀"的时候说的,"昔常不足……"一句是"闲御酒食"的时候说的,"求其生而不得……"一段是"夜烛治官书,屡废而叹"的时候说的;在那样背景中,说那样的话,父亲的孝行与仁心真是宛然如见了。这里只有选取材料(就是言语、行动、背景等)的时候多少参有作者主观的意见,待材料选定之后,作者的任务只是叙事与记言罢了。这种手法叫做表现,意思是使所写的人物自己显示在读者面前。以上是两种写法方法上的不同。抽象写法只能教人家知道些什么。如前面所举的例子,说某人"能孝其亲"或"孝行纯笃",读者读了,就知道某人"能孝其亲"或"孝行纯笃";但某人怎样"能孝",他的孝行怎样"纯笃",却是无法知道的。具体写法在教人家知道些什么以外,还能教人家感到些什么。如本篇叙述父亲的话与说话当时的背景,那背景与说话构成一种真切的境界，显示一个生动的人物，可供读者自己用心灵去探索与认识。探索与认识的结果，不但知道作者的父亲曾经说过那些话而已，并且感到作者父亲真是个尽孝尽仁的人。以上是两种写法效果上的不同。

又如，凡是碑志传记文字，是不是或多或少都用具体写法的呢？所谓空出人物的特点，这特点是不是专指那人的长处而言呢？这类文字，有的带教训意味，有的却不带，这带与不带由什么而分别呢？想到这些问题，就可以各就方便，取若干篇碑志传记来看。又如，这篇文字纡徐而庄敬，风格与它相近的文字，作者还有那些篇呢？人家说作者"文备众体"，作者的文字工作，涉及的方面到底有多少呢？想到这些问题，就可以取作者的全集来看。又如，本篇所用的一些文言虚字，在本篇里作这样意义这样语气，能不能从其他文篇中得到印证呢？本篇所用的一些修辞方法，如逐层递进的说法与对偶句里用互文，能不能从其他文篇中找到例子呢？想到这些问题，就得随时留意，以免错过发现的机会。

《我所知道的康桥》读法指导

原文：

  （1）康桥的灵性全在一条河上。康河，我敢说，是全世界最秀丽的一条河水。河身多是曲折。上游是有名的拜伦潭，当年拜伦常在那里玩的。有一个老村子叫格兰骞斯德，有一个果子园，你可以躺在累累的桃李树荫下吃茶，花果会吊入你的茶杯，小雀子会到你桌上来啄食，那真是别有一番天地。这是上游。下游是从骞斯德顿下去，河面展开，那是春夏间竞舟的场所。上下河分界有一个坝筑，水流得很急。在星光下听水声，听近村晚钟声，听河畔倦牛刍草声，是我康桥经验中最神秘的一种：大自然的优美宁静，调谐在这星光与波光的默契中，不期然的淹入了你的性灵。

  （2）这河身的两岸都是四季常青最葱翠的草坪。从校友居的楼上望去，对岸草场上，不论早晚，永远有数十匹黄牛与白马，胫蹄没在恣蔓的草丛中，从容的在咬嚼。星星的黄花在风中动荡，应和着它们尾鬃的扫拂。桥的两端有斜倚的垂柳与榆荫护住。水是彻底的清澄，深不足四尺，匀匀的长着长条的水草。这岸边的草坪又是我的爱宠，在清朝，在傍晚，我常去这天然的织锦上坐地，有时读书，有时看水，有时仰卧着看天空的行云，有时反仆着搂抱大地的温软。

（3）但河上的风流还不止两岸的秀丽。你得买船去玩。船不止一种：有普通的双桨划船，有轻快的薄皮舟，有最别致的长形撑篙船。最末的一种是别处不常有的：约莫有二丈长，三尺宽，你站直在船梢上用长竿撑着走的。这撑是一种技术。我手脚太蠢，始终不曾学会。你初起手尝试时，容易把船身横住在河中，东颠西撞的狼狈。英国人是不轻易开口笑人的，但是小心他们不出声的皱眉！也不知有多少次，河中本来悠闲的秩序叫我这莽撞的外行给捣乱了。我真的始终不曾学会。每回我不服输跑去租船再试的时候，有一个白胡子的船家往往带讥讽的对我说："先生，这撑船费劲，天热累人，还是挈个薄皮舟溜溜吧！"我那里肯听话，长篙子一点就把船撑了开去，结果还是把河身一段段的腰斩了去！

（4）你站在桥上去看人家撑，那多不费劲，多美！尤其在礼拜天，有几个专家的女郎，穿一身缟素衣服，裙裾在风前悠悠的飘着，戴一顶宽边的薄纱帽，帽影在水草间颤动，你看她们出桥洞时的姿态，撚起一根竟像没分量的长竿，只轻轻的不经心的往波心里一点，身子微微的一蹲，这船身便波的转出了桥影，翠条鱼似的向前滑了去。她们那敏捷，那闲暇，那轻盈，真是值得歌咏的。

（5）在初夏阳光渐暖时，你去买一只小船，划去桥边荫下躺着，念你的书或是做你的梦，槐花香在水面上飘浮，鱼群的喋喋声在你的耳边挑逗。或是在初秋的黄昏，迎着新月的寒光，望上流僻静处远去。爱热闹的少年们携着他们的女友，在沿上支着双双的东洋彩纸灯，带着话匣子，船心里用软垫铺着，也开向无人迹处去享他们的野福——谁不爱听那水底翻的音乐在静定的河上描写梦意与春光！

（6）住惯城市的人不易知道季候的变迁。看见叶子掉知道是秋，看见叶子绿知道是春，天冷了装炉子，天热了拆炉子，脱下棉袍，换上夹袍，脱下夹袍，穿上单袍：不过如此罢了。天上星斗的消息，地上泥土里的消息，空中风吹的消息，都不关我们的事。忙着哪，这样那样事情多着，谁耐烦管星星的移转，花草的消长，风云的变幻？同时我们抱怨我们的生活，苦痛，烦闷，拘束，枯燥，谁肯承认做人是快乐？谁不多少间咒诅人生？

（7）但不满意的生活大都是由于自取的。我是一个生命的信仰者，我信生活决不是我们大多数人仅仅从自身经验推得的那样暗惨。我们的病根，是在"忘本"。人是自然的产儿，就比枝头的花与鸟是自然的产儿，但我们不幸是文明人，入世深似一天，离自然远似一天。离开了泥土的花草，离开了水的鱼，能快活吗？能生存吗？从大自然，我们取得我们的生命，从大自然，我们应分取得我们继续的滋养。那一株婆娑的大木没有盘错的根柢深入在无尽藏的地里？我们是永远不能独立的。有幸福是永远不离母亲抚育的孩子，有健康是永远接近自然的人们。不必一定与鹿豕游，不必一定回"洞府"去，为医治我们当前生活的枯窘，只要"不完全遗忘自然"一张轻淡的药方，我们的病象就有缓和的希望。在青草里打几个滚，到海水里洗几次浴，到高处去看几次朝霞与晚照——你肩背上的负担就会轻松了去的。

（8）这是极肤浅的道理，当然。但我要没有过过康桥的日子，我就不会有这样的自信。我这一辈子就只那一春，说也可怜，算是不曾虚度。就只那一春，我的生活是自然的，是真愉快的（虽则碰巧那也是我最感受人生痛苦的时期）。我那时有的是闲暇，有的是自由，有的是绝对单独的机会。说也奇怪，竟像是第一次，我辨认了星月的光明，草的青，花的香，流水的殷勤。我能忘记那初春的睥睨吗？曾经有多少个清晨，我独自冒着冷去薄霜铺地的林子里闲步——为听鸟语，为盼朝阳，为寻泥土里渐次苏醒的花草，为体会最微细最神妙的春信。阿，那是新来的画眉在那边啁不尽的青枝上试它的新声！阿，这是第一朵小雪球花挣出了半冻的地面！阿，这不是新来的潮润沾上了寂寞的柳条？

（9）静极了，这朝来水溶溶的大道，只远处牛奶车的铃声点缀这周遭的沉默。顺着这大道走去，走到尽头，再转入林子里的小径，往烟雾浓密处走去，头顶是交枝的榆荫，透露着漠楞楞的曙色，再往前走去，走尽这林子，当前是平坦的原野，望见了村舍，初青的麦田，更远三两个馒形的小山掩住了一条通道。天边是雾茫茫的，尖尖的黑影是近村的教寺。听，那晓钟和缓的清音！这一带是此邦中部的平原，地形像是海里的轻波，默沉沉的起伏，山岭是望不见的，有的是常青的草原与沃腴田壤。登那土阜上望去，康桥只是一带茂林，拥戴着几处娉婷的尖阁。妩媚的康河也望不见踪迹,你只能循着那锦带似的林木想象那一流清浅。村舍与树木是这地盘上的棋子,有村舍处有佳荫,有佳荫处有村舍。这早起是看炊烟的时辰:朝雾渐渐的升起,揭开了这灰苍苍的天幕(最好是微霞后的光景),远近的炊烟,成丝的,成缕的,成卷的,轻快的,迟重的,浓灰的,淡青的,惨白的,在静定的朝气里渐渐的上腾,渐渐的不见,仿佛是朝来人们的祈祷参差的翳入了天听。朝阳是难得见的,这初春的天气。但它来时是起早人莫大的愉快。顷刻间这田野添深了颜色,一层纱似的金粉糁上了这草,这树,这通道,这庄舍。顷刻间这周遭弥漫了清晨富丽的温柔。顷刻间你的心怀也分润了白天诞生光荣。"春!"这胜利的晴空仿佛在你的耳边私语。"春!"你那快活的灵魂也仿佛在那里回响。

(10)伺候着河上的风光,这春来一天有一天的消息。关心石上的苔痕,关心败草里的花鲜,关心这水流的缓急,关心水草的滋长,关心天上的云霞,关心新来的鸟语。怯怜怜的小雪球是探春信的小使。铃兰与香草是欢喜的初声。窈窕的莲馨,玲珑的石水仙,爱热闹的克罗克斯,耐辛苦的蒲公英与雏菊——这时候春光已是缦烂在人间,更不烦殷勤问讯。

(11)瑰丽的春光! 这是你野游的时光。可爱的路政! 这里不比中国,哪一处不是坦荡荡的大道。徒步是一个愉快,但骑自转车是一个更大的愉快。在康桥,骑车是普遍的技术,妇人,稚子,老翁,一致享受这双轮舞的快乐。(在康桥,听说自转车是不怕人偷的,就为人人都自己有车,没人要偷。)任你选一个方向,任你上一条通道,顺着这带草味的和风，放轮远去，保管你这半天的逍遥是你性灵的补剂。这道上有的是清荫与美草，随地都可以供你休憩。你如爱花，这里多的是锦绣似的草原。你如爱鸟，这里多的是巧啭的鸣禽。你如爱儿童，这乡间到处是可亲的稚子。你如爱人情，这里多的是不嫌远客的乡人，你到处可以"挂单"借宿，有酪浆与嫩薯供你饱餐，有夺目的果鲜恣你尝新。你如爱酒，这乡间每"望"都为你储有上好的新酿，黑啤如太浓，苹果酒姜酒都是供你解渴润肺的。……带一卷书，走十里路，选一块清静地，看天，听鸟，读书，倦了时，和身在草绵绵处寻梦去——你能想象更适情更适性的消遣吗？

（12）陆放翁有一联诗句："传呼快马迎新月，却上轻舆趁晚凉"这是做地方官的风流。我在康桥时虽没马骑，没轿子坐，却也有我的风流：我常常在夕阳西晒时骑了车迎着天边扁大的日头直追。日头是追不到的，我没有夸父的荒诞，但晚景的温存却被我这样偷尝了不少。有三两幅画图似的经验至今还是栩栩的留着。只说看夕阳，我们平常只知道登山临海，但实际只须辽阔的天际，平地上的晚霞有时也是一样的神奇。有一次我赶到一个地方，手把着一家村庄的篱笆，隔着一大田的麦浪，看西天的变幻。有一次是正冲着一条宽广的大道，过来一大群羊，放草归来的，偌大的太阳在它们后背放射着万缕的金辉，天上却是乌青青的，只剩这不可逼视的威光中的一条大路，一群生物！我心头顿时感着神异性的压迫，我真的跪下了，对着这冉冉渐翳的金光。再有一次是更不可忘的奇景。那是临着一大片望不到头的草原，满开着艳红的罂粟，在青草里，亭亭的像是万盏的金灯,阳光从褐色云里斜着过来,幻成一种异样的紫色,透明似的不可逼视,刹那间,在我迷眩了的视觉中,这草田变成了……不说也罢,说来你们也是不信的!

(13)一别二年多了,康桥,谁知我这思乡的隐忧! 也不想别的,我只要那晚钟撼动的黄昏,没遮拦的田野,独自斜倚在软草里,看第一个大星在天边出现!

指导大概

这一篇是叙述景物的文字。要叙述景物,作者先得熟悉那景物。不然,材料就没有了。叙述什么呢? 既已熟悉了那景物,叙述起来,手法却不止一种。作者先在意念中画下一张景物的平面图,又在那图上圈出值得叙述的若干点来,于是用文字代替颜料,按照方向与位置逐点逐点画出来给读者看,作者自己却并不露脸,正像执着画笔的画家自身处在画幅以外一样:这是一种手法。作者当初在景物之中东奔西跑,左顾右盼,官能方面接受种种的感觉,心灵方面留下深深的印象,他觉得这一份受用不容一个人独享,须得分赠给读者,于是把当时的一切毫不走样地叙述下来,他自己当然担任了篇中的主人公:这又是一种手法。本篇采用的是后一种手法,那是一望而知的。

本篇作者对于康桥的景物不只是熟悉,那比熟悉更进一步,他简直曾经沉溺在康桥的景物中间。因此,他告诉读者的不单是康桥的景物,并且是景物怎样招邀他,引诱他,他怎样被景物颠倒与陶醉。换一句说,他告诉读者的是他与康桥一番永远不能忘记的交情。这就规定了他所采用的手法,也就使这篇文字必得在叙述之中，带着抒情的气氛。要是他采用前一种手法，冷静地画出一幅康桥来，那只好把那一番交情牺牲了。可是他不但不愿意牺牲那一番交情，而且非常宝贵那一番交情，这篇文字可以说为了这一点才写的，他就不得不用一种热情的活泼的笔调：像对着一个极熟的朋友讲述他的游程，称心随意，无所不谈，没有一点拘束，谈到眉飞色舞的时候，无妨指手画脚，来几声出神的愉快的叫唤。这样写来，景物之中有作者，作者心中有景物，错综变化，把景物与心情混成一片，那一番交情也就在这上头见出了。

因此，这篇文字的文体决不能是严谨的，而必然是自由的。想到什么就写什么，怎样想到就怎样写，它差不多自由到这个地步。正统的古文家作游记，当然不肯也不能用这种文体。现代作家对于文学的观念虽说解放多了，但作起游记来，也未必都会像这一篇的自由。大概本篇作者所以能写成这样的文体，一半从他的品性，一半从他的教养。他是个偏于感情的人，热情奔放，往往自己也遏制不住。他通西洋文学，西洋文学中有所谓"散文"的一个部门，娓娓而谈，舒展自如，在以往我国文学中是不很发达的。他那品性与教养交叉在一点，就产生了他的自由的文体。

但是，仅仅说想到什么就写什么，怎样想到就怎样写，是不够的。果真这样，一篇文字不将成为在古墙上乱爬的藤蔓吗？原来控制还是需要的，线索还是不能没有的；不过工夫到了纯熟的地步，控制的痕迹不能在字里行间显明地看出；线索也若有若无，这就教人看来好像是完全自由的了。

现在试看，本篇是由什么控制着的？不就是前面说起的作者与康桥的一番交情吗？所以说河水,说草场,说船,说春景,等等,都不作客观的叙述,而全从作者与它们的关系上出发。作者工夫纯熟了,对于这种控制也许并不自觉;但研究这篇文字的人应该知道,如果没有这种控制,文字也许会见得散漫。"散漫"与"自由"好像差得不远,然而实际上是相去千万里了。

再看,作者的意念怎样发展而成为这一篇的形式?他要把康桥的种种告诉读者,当然先得提起康桥。但康桥地方最吸引他的感兴的是那条康河,提起康桥便想到了康河。在上游那个果子园里吃茶的情景也想起来了,在上下河分界处那个坝筑旁边静听的经验也想起来了。于是从河身想到河两岸的草场,在草场上他享受到许多的快适。而河上坐船的快适,趣味又各别。想到船,他自己撑船的经验立刻涌上了心头,他只能"把船身横住在河中,东颠西撞的狼狈"。看人家撑可不然了,尤其看"专家的女郎"撑,那印象真是不可磨灭的。这才回转去想坐船的趣味,——与在草场上坐地不同。——以上的线索虽有曲折,并不是一直的,但总之贴切着那条河。就写成的文字说,便是从第一段到第五段。以下作者想开去了。他想到"住惯都市的人"不关心自然界的变化,同时不"肯承认做人是快乐",或多或少不免"咒诅人生"。他以为这大都是自取其咎,正因离开了自然,才有这种"病象","只要'不完全遗忘自然'","病象就有缓和的希望"。这似乎想得太远了,可是并不远,只因他在康桥过过一春(本篇里的"春"是照外国算法。指三四五三个月而言,须注意),与康桥有了一番深密的交情,他才对于上面那个"极肤浅的道理"有了"自信"。"星月的光明,草的青,花的香,流水的殷勤",原是平时接触惯的;然而在康桥"竟像是第一次""辨认",可见平时接触实在算不得接触，而在康桥的"辨认"，给与他性灵上的补益是多么大了。于是，他想到春朝的景色，在那景色中，仿佛听到"晴空"与自己的"灵魂"互相应答，声声叫唤着"春！"他又想到春天的花信，从春光起初透露直到春光"缦烂在人间"，"一天有一天的消息"。他又想到春天骑着自转车出去游行，到处可以欣赏，到处可以休憩，到处有温厚的人情与丰美的饮食，"适情""适性"，其乐无比。他又想到春天傍晚，对着"辽阔的天际"看夕阳，"有三两幅画图似的经验"竟带着神秘性，教他陷入迷离惝怳的境地。——以上是想了开去而回转到康桥的春天，从康桥的春天推演出平列的四项来，就是朝景，花信，野游与晚景。就写成的文字说，便是从第六段到第十二段。以下是结束了。他所以把康桥的种种告诉读者，原来因为康桥与他有这么一番深密的交情，真像他自己的家乡一样；他与它"一别二年多"，禁不住起了"思乡的隐忧"，他要读者知道他怀着这么一腔"隐忧"。口里说"谁知我"：正是希望人家知道他。"思乡"自然想回去；如果回到康桥，"看第一个大星在天边出现"，那"隐忧"就消除了。这远远应接着开始的意念，他在开头不是说"在星光下……是我康桥经验中最神秘的一种"吗？就写成的文字说，便是末了一段。

以上说明了这篇文字虽则自由，可不是漫无控制的自由，稍稍用心一点看，线索也很分明。现在试看：本篇热情的活泼的笔调是怎样构成的？阅读这篇文字，一定会立刻注意到，它使用着许多"排语"。在开头第一段，"花果会吊入你的茶杯，小雀子会到你桌上来啄食"，与"在星光下听水声，听近村晚钟声，听河畔倦牛刍草声"，就是两组排语。第二段里有"在清朝，在傍晚"，与"有时读书，有时看水，有时仰卧着看天空的行云，有时反仆着搂抱大地的温软"两组,第四段里有"那多不费劲,多美!"与"她们那敏捷,那闲暇,那轻盈"两组,以下几段里还有很多,也不须逐一指出。人对于某事物有热烈深切的感触的时候,往往会一而再,再而三地申说。所以文字里使用着排语,足以表示出热情。这样再三申说当然是严谨与平板的反面,所以又足以表示出活泼。读者读了这种排语,自会引起一种感觉:仿佛一面经作者尽兴指点,一面听作者娓娓谈说。试看第八段里"阿,那是新来的画眉那边涧不尽的青枝上试它的新声!阿,这是第一朵小雪球花挣出了半冻的地面!阿,这不是新来的潮润沾上了寂寞的柳条?"那一组,读者读了,不是仿佛觉得自己也置身其境,一同在那里听画眉的新声,一同在那里发现第一朵的小雪球花,一同在那里看来的潮润沾上了寂寞的柳条吗?这一节是说作者使用排语,是构成他那热情的活泼的笔调的一个因素。

本篇里出现了许多"你"字,这也会立刻注意到。"你"是谁?无论读到这篇文字,作为这篇文字的读者,这个"你"就是他。再推广开来说,这个"你"也就是作者自己,也就是"我"。为什么指称着读者,"你"呀"你"地叙述吧?为什么分身为二,把自己也称为"你"呢?一般文字原是认读者作对象的,提起笔写文字,就好比面对着读者说话,虽不用"你"字,实则随处有"你"含在里头。现在明用"你"字,就见得格外亲切,仿佛作者与读者之间有着亲密的友谊,向来是"尔汝相称"的。以上是对于前一个问题的解答。这篇文字所写的原是作者自己在康桥的经验,但作者不想专有那经验,他拿来贡献给读者,于是在某一些地方用"你"字换去了"我"字。这使读者读了更觉得欢喜高兴,禁不住凝神想道:"如果身在康桥,这一份受用完全是我的呀!"以上是对于后一个问题的解答。像这样使用"你"字，并不是作者故意使花巧，语言中原来有种习惯的。作者适当地应用这种习惯，也是构成他那热情的活泼的笔调的一个因素。

第三个因素可以说的是：他多从感觉印象上着笔。那些感觉印象曾经深深地打动他，他就把它们照样写出来，笔调之中自然含着许多情趣，见得活泼生动了。譬如第一段里的"花果吊入茶杯""小雀子到桌上来啄食"，这是个包含着视觉、听觉、触觉、味觉、嗅觉的复杂印象。若不是那果子园花树果树多，花果怎么会吊入茶杯呢？若不是那地方"鱼鸟忘机"，小雀子怎么敢到桌上来啄食呢？可见那里真是个花木繁茂，鱼鸟忘机的去处，真是个怡情适性，大可心醉的去处。但是作者不用这一套平板的说明，他只把"花果吊入茶杯""小雀子到桌上来啄食"写出来，这不但报告了实况，并且带出了他当时被感动的心情。读者读到这里，也就得到个情趣丰足的印象，与读那平板的说明完全两样。又如第三段里的"不出声的皱眉"，这是个视觉印象。看见"不轻易开口笑人的"人在那里"不出声的皱眉"，将怎样地窘急与羞愧呢？本已是"东颠西撞的狼狈"，又看见有人在那里"不出声的皱眉"，更将狼狈到何等程度呢？这些意思是可想而知的，作者都不写，他只写"不出声的皱眉"那个印象。就凭这六个字，作者当时窘急羞愧的狼狈情形如在目前了。此外写感觉印象的地方还有很多，不再提出来说。总之，作者多从心理方面着笔，又是构成他那热情的活泼的笔调的一个因素。

上一节说的是外界事物给予作者印象很深的，作者就把它照样写出来。还有一种是事物本身本来没有某种情意或动作，但作者情绪上感觉上好像它有，就把那种情意或动作归给它。

这样的写法,事物便蒙上了作者的情绪与感觉的色彩,写事物也就是写心情,"心"与"物"混成一片,当然与严谨地客观地叙述事物不相同了。本篇用这样写法的地方也不少。如第一段的末一句,"大自然的优美宁静,调谐在这星光与波光的默契中,不期然的淹入了你的性灵"。星光与波光并对有性灵,怎么会像"相对忘言"的两个朋友那样"默契"呢?"大自然的优美宁静"又不是江水河水,"性灵"又不是田地城镇,那"优美宁静"怎么会"淹入""性灵"呢?原来这都是作者当时的感觉,这感觉又从作者当时闲适、舒快到近于神秘的情绪而来。依他当时的情绪,好像星光与波光静静无声,互相照映,其间自有一种"默契";又好像"优美宁静"是充满在宇宙间的大水,没有一处不淹到,连他的性灵也被"淹入"了:这样,他就用了"默契"与"淹入"两个词。又如第八段里的"阿,这是第一朵小雪球花挣出了半冻的地面!"小雪球花只是应着自然的节候,顺着本有的生机,开出来罢了,它何尝"挣"?原来这也是作者的感觉,这感觉又从他那爱活动爱奋斗的性情而来。他在半冻的地面看见了第一朵的小雪球花,他想象它也是爱活动爱奋斗的;地面是半冻的,它要挣扎出来,一定经历了许多艰难辛苦;但结果竟被它挣扎出来了,那又是何等的成功,何等的欢喜。他下一个"挣"字,差不多分享了小雪球花那一份成功与欢喜了。此外如说"鱼群的唼喋声在你的耳边'挑逗'"(第五段),花草在泥土里渐次"苏醒"(第八段),克罗克斯是"爱热闹的",蒲公英与雏菊是"耐辛苦的"(第十段),都是这种写法。这又是构成他那热情的活泼的笔调的一个因素。

本篇的笔调是热情的活泼的,前面说过了。若用图画来比,它的彩色是浓重的。画有白描,有淡彩,有丹碧浓鲜的设色;本篇就好比末了一种，它决不是白描和淡彩。这浓重又是怎样构成的呢？第一，由于使用排语。使用排语正如画画时候一笔一笔地加浓。第二，由于多写感觉印象。感觉印象多，犹如画面上布满了景物，少有空白处所，自然见得浓重。第三，由于多用文言里的形容词与副词，就是所谓"词藻"。如用"葱翠"来形容"草坪"，用"恣蔓"(应作"滋蔓")来形容"草丛"(第二段)，用"婆娑"来形容"大木"，用"盘错"来形容"根柢"(第七段)，用"娉婷"来形容"尖阁"，用"妩媚"来形容"康河"(第九段)，如说裙裾"悠悠"的飘着(第四段)，说经验"栩栩"的留着(第十二段)，这些词藻都是红绿青黄的颜料，把这篇文字涂成浓重的一幅。白话文里使用文言的词藻，原有讨论余地，且留在后面说。这里只说仅就文言而论，少用词藻就见得清淡，多用词藻就见得绚烂；现在把文言的词藻用入白话文，彩色当然见得浓重了。

然而本篇里也有用白描法的，可以举出两处说。一处是第三段末了叙述"租船再试"时候的情景。那老船家说："先生，这撑船费劲，天热累人，还是拿个薄皮舟溜溜吧！"这个话多么朴素，然而那老船家又像殷勤又像瞧不起人的心情，已经完全描出。以下作者说"我那里肯听话，长篙子一点就把船撑了开去"，用个"一点"与"就"，作者当时急于"再试"与不爱听老船家噜哝的心情，以及当时活动的姿态，就在这上头传出来了。又一处是第四段叙述"专家的女郎"撑船出桥洞时候的姿态。那长竿"竟像没分量的"，"往波心里一点"只是"轻轻的，不经心的"，在有过撑船经验可是不曾学会撑船的作者看来，是多么可以羡慕呢？"船身便波的转出了桥影，翠条鱼似的向前滑了去"，那轻巧敏捷与"把河身一段段的腰斩了去"是何等显明的对照呢？以上两处也是写的感觉印象,可是读起来并不觉得浓艳,这里头该有个缘故。原来这两处只像平常谈话一样,不用什么词藻,也不用什么特殊语调,可是对于当时的印象,把捉得住,又表现得出,所以成为两节白描的好文字。

阅读叙述文字,不能没有时间观念。那事件是什么时候发生的呢?那景物是什么时候显现在作者眼前的呢?这些都得辨清楚。如果不辨清楚,就摸不清全篇的头绪。现在就本篇说,读者须得问:这里所写的康桥,是作者某一天某一回所接触的不是?要回答这问题,于是逐段看下去。第一段里说的果子园里的情景与星光下的经验,不是限于某一天的;第二段里说的草场上的景物,不是限于某一天的;第三段里说的自己撑船,第四段里说的看人家撑船,也不是限于某一天的。第九段说的朝景,可不是某一回的朝景;第十段说的花信,可不是某一回的花信;第十一段说的野游,可也不是某一回的野游。全篇之中,只有第十二段里说的三幅"画图似的经验"是属于某一回的,都特地用"有一次"来点醒,虽然没有说明是何年何月何日。如果把叙述某一天某一回的经验称为"专叙",那么叙述不限于某一天某一回的经验便是"泛叙"。作者对于所写的事物太熟悉了,接触的机会不止一次两次,也分不清某一种经验是某一天某一回的了,只觉得种种经验各自累积起来,成为许多浓密的团结;那自然只有不限定时间,采用"泛叙"的方法。本篇的情形就是这样。如果是一个短期旅行的游客,到康桥地方匆匆地游览一周,提起笔来写游记,他就不得不用"专叙"的方法,单把他游览那一天的经验叙述下来了。除了这个,他还有什么可以叙述的呢?"专叙"的时候,常常用"某月某日","……的时候","……之后"一类时间副语，来点醒以下所说的事件、景物或经验所属的时间。本篇里也有用这一类时间副语的地方，如"不服输跑去租船再试的时候"（第三段），"在礼拜天"（第四段），"在初夏阳光渐暖时"（第五段），"在康桥时"，"在夕阳西晒时"（第十二段）。但在"不服输跑去租船再试的时候"前面加上个"每回"，在"在夕阳西晒时"前面加上个"常常"，这就成为"泛叙"了。此外三语，只要辨别上下文的语气，便知道也不是"专叙"。"在礼拜天"一语是用"尤其"承接着前面"你站在桥上去看人家撑"一语的，而"你站在桥上去看人家撑"是假设语气，"在初夏阳光渐暖时，你去买一只小船"，也是假设语气，两语里都含得有"如果""假使"的意思：假设语气当然不会是"专叙"。至于"在康桥时"一语占着一春的时间，下面的"没马骑，没轿子坐，却也有我的风流"，又是经常的情形，所以只是"泛叙"而不是"专叙"。

　　阅读叙述文字，又不能没有空间观念。作者叙述那事件那景物，是不是站定在一个观点上的呢？如果站定在一个观点上，那所写的只是这个观点上所能观察到的一切；观点如有转换，文字中一定先行交代明白，然后再写新观点上所能观察到的一切。如果不站定在什么观点上，那就比较自由，只凭记忆逐项逐项地叙述出来，更不管它们是从那一个观点上观察到的。本篇就时间方面说既是"泛叙"，那么所写康桥的种种，当然不会是站定在什么观点上观察到的了。原来它写的是情绪中的康桥，而不是眼界中的康桥。但这是就本篇大体说。若在非表明空间关系不可的地方，虽说是"泛叙"，也不得不站定一个观点来写。如第二段里的"对岸草场上……匀匀的长着长条的水草"，第九段里的"康桥只是一带茂林……有佳荫处有村舍"，都是登高远望的景；

第四段里的"有几个专家的女郎……翠条鱼似的向前滑了去"是桥上眺望的景；如果不是登高，不在桥上，所见也就两样。这便有了空间关系，须得站定一个观点来写。以上三节写景文字之前，第二段里有"从校友居的楼上望去"一语，第九段里有"从那土阜上望去"一语，第四段里有"站在桥上看人家撑"一语，都是用来表示站定的观点的。又如第九段的开头，叙述春朝游行时候所见的景色："静极了……点缀这周遭的沈默"是大道上的景，"头顶是交枝的榆荫，透露着漠楞楞的曙色"是林子里的景，"当前是平坦的原野……尖尖的黑影是近村的教寺"是林子外的景；大道上，林子里，林子外，景色不一，这便有了空间关系，不得不站定一个观点又转换一个观点来写。这一节最初的观点原在大道上，有"顺着这大道走去"一语可以证明；以下用"走到尽头，再转入林子里的小径"两语，就把观点转换到林子里去了；以下用"走尽这林子"一语，又把观点转换到林子外去了。至于第十二段里的三幅"画图似的经验"，就时间方面说既是"专叙"，自然得叙明当时站定的观点。"我赶到一个地方"，"正冲着一条宽广的大道"，"临着一大片望不到头的草原"三语，都是用来表示当时站定的观点的。若是匆匆游览过后写一篇"专叙"的游记，站定观点与转换观点的叙述就不会这么少了。

现在再把本篇值得注意值得体会的地方逐一提出来说一说（前面已经说过了的，就不再说了）。第一段叙康河，分上游下游来说，原是最平常的方式，地理教本所常用的。可是叙上游就说到那个果子园，用复杂的感觉印象来描写那里的丰美与安静，把康桥的佳胜突然涌现在读者面前，这就不平常了。叙下游只说它是"春夏间竞舟的场所"，以下便说到上下河分界处的那个坝筑,说到星光之下在那个坝筑旁边听各种声音的神秘经验,这也不平常。作者并不是写地理书,他要写的是他情绪中的康桥:读者只要读这第一段,就可以感觉到了。

第三段开头说明三种船,把撑篙船排在最后,是有意的,用来引起下面的自己撑船。说明三种船的部分,文字是静的;过渡到自己撑船,文字就是动的了。试看"把船身横住在河中,东颠西撞的狼狈",旁观的英国人在那里"不出声的皱眉",河中悠闲的秩序"给捣乱了",以至"租船再试",经老船家劝告,不肯听话,"把船撑了开去",那一处不是活生生的动态?不说英国人在旁边"不出声的皱眉",而说"小心他们不出声的皱眉",可见因他们"皱眉"而更显得"狼狈",那经验正不止一次两次了。不说船还是横着前进,而说"还是把河身一段段的腰斩了去",这是用更具体的说法,把"横着前进"化成个更具体的视觉印象。

第四段里"穿一身缟素衣服……帽影在水草间颤动"是对于"专家的女郎"的形容语(形容语不妨去掉,这里如果去掉这形容语,就成"有几个专家的女郎,你看她们……")。说衣服又说到裙裾的飘扬,说帽子又说到帽影的颤动,这是加工描绘。描绘的结果,使读者觉得但看这四语,便是一幅鲜明的生动的图画。本段末一句里的"敏捷""闲暇""轻盈"是作者主观的批评,但与前面所叙的姿态都有照应。如果再来一个"美丽",那就没有照应了;因为前面只叙那几个女郎撑船时候的动态,并没有叙她们的面貌与身材怎样美丽。

第五段末一语里的"水底翻的音乐",指在河上开话匣子而言。话匣子所奏的音乐,声音在河面发生回响,再传播开来,这便是"水底翻的音乐"。听这种音乐,物理上既与平时开话匣子不同,环境上心情上也全不一样,所以在少年们的感觉中,这种音乐是"描写梦意与春光"的。

第六七两段可以说是插入本篇的一篇议论文,它的题目是"人不要完全遗忘自然"。第六段先说"住惯城市的人"的通常情形,分两点,一点是不关心"季候的变迁",又一点是抱怨生活,不"承认做人是快乐"。对于前一点,用具体的说法。仅仅从叶子的长落,炉子的装卸,衣服的更换,知道"季候的变迁",足见那关心真是有限得很了。"星星""花草""风云"环绕在周围,可是一样也不去理睬,足见对于自然全没交涉了。于是第七段说一般人所以有这种情形,由于"忘本"。人的"本"是什么呢?"人是自然的产儿",人从大自然取得生命,这说明了人的"本"是自然。花草离不开泥土,鱼离不开水,大木的根柢深入无尽藏的地里,这些都是比况,比况人决不能离开了大自然而生活,也得像大木一样,把生命的根柢深入大自然里。然后归结到作者所提出的意见:"只要'不完全遗忘自然'一张轻淡的药方,我们的病象就有缓和的希望。"本篇是抒情的叙述文字,如果插入一小篇严格的议论文(就是说完全用抽象的说法,由演绎、归纳、类推等方法而达到结论的议论文),那是很不相称的。现在这两段多用具体的说法,语调自由活泼,又与纯理智的说理文字不同,所以插在中间与各段一致,并不觉得不调和。

第八段末了三句,开头都用了惊叹词"阿",以下指点用"那是""这是""这不是",值得细辨。画眉的新声比较远,小雪球花与柳条近在面前,"那"与"这"表明实际上的远近之分,这是一。"那"与"这"不重复,用了两个"是"来一个"不是",又见得有变换,这是二。这样三句连在一起读,自然引起一种感觉,仿佛春信是四面袭来，不可抵御的了，这是三。

　　第九段里叙到"尖尖的是近村的教寺"，以下接一句"听，那晓钟和缓的清音！"教谁听呢？也可以说教自己听，也可以说教读者听。但是在写文字的时候，作者并不正在望见那教寺的"尖尖的黑影"，至于读者读这篇文字，是不拘于什么地点什么时间的，怎么能教自己听又教读者听呢？原来这是排除了空间与时间观念的说法。说起近村的教寺，仿佛钟声已经在那里送过来了，于是向自己并向读者提示道："听，那晓钟和缓的清音！"前面提及的第八段末了三句，情形也正相同。说起春信，仿佛春信就从四面袭来了，于是一旁指点，一边提示，说出这么三句来。又，本段里用"朝来人们的祈祷参差的騞入了天听"譬喻炊烟"渐渐的上腾，渐渐的不见"，这是用听觉印象表现视觉印象。朝来有许多的人作祈祷，想象他们的祈祷声音——上达上帝的听官，正与炊烟上腾而没入天际相似，于是来了这错综的印象。以下连用三个"顷刻间"，把时间说得极急促，表示初晓景色的刻刻变换。末了两句，"胜利的晴空"与"快活的灵魂"呼唤着"春"互相应答，把清早寻春的人的欢喜心情完全表达出来。若说"春来了"，或是"这已经是春天了"，反而见得累赘失神。当时只有一个浑然的感觉"春"而已，而感得欢喜的就在这个浑然的感觉，所以单说"春"字是最完足的了。两个"春"字的位置也可以注意。如果放在"私语"与"回响"之后，说话的力量就侧重在"胜利的晴空"与"快活的灵魂"。现在放在前面，随后解释一个是"晴空"的"私语"，一个是"灵魂"的"回响"，力量就侧重在"春"的那一声呼唤方面了。本段叙述了春朝的晴色，归结到"春"这个浑然的感觉无所不在，自然该把力量侧重在"春"的那一声呼唤方面才对。

去 吧

去吧，人间，去吧！
　我独立在高山的峰上；
去吧，人间，去吧！
　我面对着无极的穹苍。

去吧，青年，去吧！
　与幽谷的香草同埋；
去吧，青年，去吧！
　悲哀付与暮天的群鸦。

去吧，梦乡，去吧！
　我把幻景的玉杯摔破；
去吧，梦乡，去吧！
　我笑受山风与海涛之贺。

去吧，种种，去吧！
　当前有插天的高峰！
去吧，一切，去吧！
　当前有无穷的无穷！

为要寻一个明星

我骑着一匹拐腿的瞎马，
　　向着黑夜里加鞭——
　　向着黑夜里加鞭，
我跨着一匹拐腿的瞎马！

我冲入这黑绵绵的昏夜，
　　为要寻一颗明星——
　　为要寻一颗明星，
我冲入这黑茫茫的荒野。

累坏了，累坏了我胯下的牲口，
　　那明星还不出现——
　　那明星还不出现，
累坏了，累坏了马鞍上的身手。

这回天上透出了水晶似的光明，
　　荒野里倒着一只牲口，
　　黑夜里躺着一具尸首——
这回天上透出了水晶似的光明！

留别日本

我惭愧我来自古文明的乡国，
　　我惭愧我脉管中有古先民的遗血，
我惭愧扬子江的流波如今溷浊，
　　我惭愧——我面对着富士山的清越！

古唐时的壮健常萦我的梦想：
　　那时洛邑的月色，那时长安的阳光；
那时蜀道的啼猿，那时巫峡的涛响；
　　更有那哀怨的琵琶，在深夜的浔阳！

但这千余年的痿痹，千余年的懵懂：
　　更无从辨认——当初华族的优美，从容！
摧残这生命的艺术，是何处来的狂风——
　　缅念那遍中原的白骨，我不能无恫！

我是一枚飘泊的黄叶，在旋风里飘泊，
　　回想所从来的巨干，如今枯秃；
我是一颗不幸的水滴，在泥潭里匍匐——
但这干涸了的涧身，亦曾有水流活泼。

我欲化一阵春风，一阵吹嘘生命的春风，
　　催促那寂寞的大木，惊破他深长的迷梦；
我要一把倔强的铁锹，铲除淤塞与壅肿，
　　开放那伟大的潜流，又一度在宇宙间汹涌。

为此我羡慕这岛民依旧保持着往古的风尚，
　　在朴素的乡间想见古社会的雅驯，清洁，壮旷；
我不敢不祈祷古家邦的重光，但同时我愿望——
　　愿东方的朝霞永葆扶桑的优美，优美的扶桑！

沙扬娜拉
(第十八首)

赠日本女郎

最是那一低头的温柔，
　　像一朵水莲花不胜凉风的娇羞，
道一声珍重，道一声珍重，
　　那一声珍重里有甜蜜的忧愁——
　　　　沙扬娜拉！

一星弱火

我独坐在半山的石上，
　　看前峰的白云蒸腾，
一只不知名的小雀，
　　嘲讽着我迷惘的神魂。

白云一饼饼的飞升，
　　化入了辽远的无垠；
但在我逼仄的心头，啊，
　　却凝敛着惨雾与愁云！

皎洁的晨光已经透露，
　　洗净了青屿似的前峰；
像墓墟间的磷光惨淡，
　　一星的微焰在我的胸中。

但这惨淡的弱火一星，
　　照射着残骸与余烬，
虽则是往迹的嘲讽，
　　却绵绵的长随时间进行！

她是睡着了

她是睡着了——
星光下一朵斜欹的白莲；
她入梦境了——
香炉里袅起一缕碧螺烟。

她是眠熟了——
涧泉幽抑了喧响的琴弦；
她在梦乡了——
粉蝶儿，翠蝶儿，翻飞的欢恋。

停匀的呼吸：
清芬渗透了她的周遭的清氛；
有福的清氛
怀抱着，抚摩着，她纤纤的身形！

奢侈的光阴！
静，沙沙的尽是闪亮的黄金，

平铺着无垠——
波鳞间轻漾着光艳的小艇。

醉心的光景：
给我披一件彩衣，啜一坛芳醴，
　折一枝藤花，
舞，在葡萄丛中，颠倒，昏迷。

看呀，美丽！
三春的颜色移上了她的香肌，
　是玫瑰，是月季，
是朝阳里的水仙，鲜妍，芳菲！

梦底的幽秘，
挑逗着她的心——纯洁的灵魂——
　像一只蜂儿，
在花心恣意的唐突——温存。

童真的梦境！
静默；休教惊断了梦神的殷勤；
　抽一丝金络，
抽一丝银络，抽一丝晚霞的紫曛；

玉腕与金梭，
织缣似的精审，更番的穿度——

编者附记

　　本书是朱自清先生为开明书局《中学生月刊》所写的一系列文章，1949 年后至今未重刊行，这次我们将其选出，编辑成书。全书中内容分为泛读指导 5 篇，精读 2 篇，前者在于提纲挈领地解决"如何读经典"的问题，同时也谈了如何读书的问题；后者重点所在是"指导大概"，每篇文章经过分析文篇，提示问题，进行讨论后，整理成为一篇完整的文字。

　　这种分析文篇，提示问题的态度和方法，能广泛应用在其他的文章精读上，才是作者的最终目的。朱自清先生国学功底深厚，他对于几部经典著作及文章的解读，深入浅出，为青年人学习经典作品，提供了很好的指南。